DER BEZIRK OBERPFALZ

UND

DER LANDKREIS

_____

ÜBERREICHEN DIESES BUCH

_____

ZUM SCHULABGANG

LANDRAT   _Alfred Spitzner_ BEZIRKSTAGSPRÄSIDENT

KLASSENLEHRER   SCHULLEITER

Ursula Pfistermeister

BURGEN UND SCHLÖSSER DER OBERPFALZ

Verlag Friedrich Pustet Regensburg

ISBN 3–7917–0876–7
© 1984 by Verlag Friedrich Pustet, Regensburg
Einband-Vorderseite: Burg Falkenberg
Umschlaggestaltung: Peter Loeffler, Regensburg
Gesamtherstellung: Friedrich Pustet, Regensburg
Printed in Germany 1988

Vorwort

Es ist seit vielen Jahren guter Brauch geworden, Schülern am Ende ihrer Schulzeit ein heimatkundliches Buch als Geschenk mit auf den weiteren Lebensweg zu geben. Der Bezirk Oberpfalz, die Landkreise und kreisfreien Städte teilen sich die Kosten. Warum wird so eine Schulentlaßgabe verteilt, warum wendet man die nicht unerheblichen Finanzmittel dafür auf? Es geht darum, liebe Entlaßschüler, Sie zu informieren, Sie zu Kennern unserer Oberpfälzer Heimat zu machen, denn Heimat ist wieder ein inhaltsreicher Begriff geworden, über Heimat spricht man wieder.

Noch vor wenigen Jahren wurde mancher Mitbürger als ewig Gestriger angesehen, wenn er das Wort Heimat verwendete. Von »Gefühlsduselei« war oft schnell die Rede. Heute kann man sich Gott sei Dank wieder unangefochten auch der gemütsbetonten Seite des Wortes bedienen. Es würde sicherlich den Rahmen dieses Vorwortes sprengen, wollten wir den Heimatbegriff umfassend erörtern. Eines ist jedoch sicher: Wer sich mit der Heimat befassen will, wer sich ihr zuwenden, wer sie ergründen will, der muß natürlich bestimmte Voraussetzungen an Wissen mitbringen. Was liegt also näher, als Ihnen mit einem kleinen Buchgeschenk den ersten Schritt auf dem Weg des Wissens über die Heimat zu weisen. Vielleicht gelingt es uns, Sie dazu zu bewegen, sich nach der Lektüre dieses Buches über die Burgen und Schlösser weiteren heimatkundlichen Werken dieser Art – die es in reicher Auswahl über die Oberpfalz gibt – zuzuwenden.

Es ist verständlich, wenn Sie am Tage Ihrer Schulentlassung andere Sorgen oder auch Freuden haben, als sich sofort mit heimatkundlichen Forschungen zu beschäftigen. Dennoch werden Tage in Ihrem Leben kommen – vielleicht erst, wenn Sie Ihre Kinder danach fragen –, an denen Sie sich näher mit Ihrer Oberpfälzer Heimat befassen. Wenn Sie sich dann Ihrer letzten Schultage erinnern, wenn Sie dann sagen können »da habe ich doch einmal ein Buch geschenkt bekommen«, dann hat die Schulentlaßgabe des Jahres 1988 ihren Zweck bereits erfüllt.

Nehmen Sie bitte dieses kleine Geschenk unter diesem Gesichtspunkt entgegen und empfinden Sie es bitte sowohl als Dank, als auch als Erinnerung an Ihre Schulzeit. Für Ihren weiteren Lebensweg wünschen wir Ihnen alles Gute, viel Glück, Erfolg und Gottes Segen.

Dipl.-Ing. Alfred Spitzner
Bezirkstagspräsident

Karl Krampol
Regierungspräsident

Inhalt

Die Oberpfalz, dieses herbe Land zwischen Fichtelgebirge und Donau, zwischen Böhmerwald, Bayerischem Wald und Fränkischem Jura, wurde nicht zu Unrecht als das »Burgenland Bayerns« bezeichnet. Überall saßen hier vom 11., vereinzelt sogar schon vom 10. Jahrhundert an, Adelige oder deren Vertreter auf ihren »festen Wohnsitzen«, den Burgen. Sie waren in aller Regel eher bewohnbare Wehrbauten als zur Verteidigung eingerichtete Wohnstätten.

Mit der beginnenden Renaissance und dem Aufkommen der Feuerwaffen setzt um die Mitte des 16. Jahrhunderts ein Wandel ein. Nicht mehr die Verteidigungsmöglichkeit ist nun oberste Maxime beim Aus- oder Neubau adeliger Wohnsitze. Der umfassende Rundsicht gewährende, letzte Zuflucht bietende Turm, ohne den gerade auch die Oberpfälzer Burg nicht denkbar ist, verliert an Bedeutung. Wichtig wird allein der Palas, das Haus, das Wohnen. Selbst wenn zunächst im Äußeren noch wehrhafte Züge erhalten bleiben, so sind doch Wohnlichkeit und Repräsentation für den damals beginnenden Schloßbau so bestimmend wie die Wehrhaftigkeit für den Bau der Burgen. Das Schloß kann aber nicht nur Wohn- und Regierungssitz weltlicher und geistlicher Landesherrn sein. Es kann auch anderen Adeligen und später sogar reichen Bürgern zum repräsentativen Wohnen dienen. Wie die Burg, deren Aufgabe es war über den militärischen Zweck hinaus die Macht ihres Besitzers augenfällig zu dokumentieren, sollte auch das Schloß die Bedeutung und Würde seines Besitzers für alle sichtbar zum Ausdruck bringen.

Ähnlich wie die Randlage des damaligen Nordgaues im frühen Mittelalter das Entstehen von Burgen verhinderte, die auf lange Sicht auch im europäischen Zusammenhang von Bedeutung gewesen wären, so verhinderten später die geschichtliche Entwicklung dieses Landstrichs, die jahrhundertelange politische Zersplitterung der Oberpfalz und schließlich der Sog, der von den reichen Hofhaltungen der Wittelsbacher in Heidelberg und München ausging, das Entstehen großer, europäisch wichtiger Schloßbauten. Fehlten der Oberpfalz doch auch jene »vom Bauwurmb« befallenen Geschlechter, die wie die Schönborn in Franken über Generationen hinweg der Baukunst mit wahrer Leidenschaft zugetan waren.

Der oberpfälzische Adel aber war lebendig genug, die zeitweilig europäische Bedeutung der Eisenerzgewinnung und -verarbeitung für das Wirtschaftsleben so groß, daß sich in diesem geographisch verhältnismäßig kleinen Gebiet im Nordosten Bayerns nicht nur 625 jener 19 000 mehr oder weniger gut erhaltenen, völlig verschwundenen oder zu Schlössern umgebauten Burgen finden, die C. Tillmann in seinem das ganze deutsche Sprachgebiet einschließlich Österreich, Schweiz und Südtirol umfassenden Burgenlexikon aufführt. Es entstanden neben den verhältnismäßig bescheidenen Residenzen auch eine Fülle ansprechender Landschlößchen sowie die für die Oberpfalz typischen Hammerhäuser.

7

Die Oberpfalz als Burgenland

Sich zu schützen, zu bergen, ist von Anfang an eine Notwendigkeit des menschlichen Daseins. Zunächst boten vor allem natürliche Höhlen Zuflucht. Doch ging man schon in der Vor- und Frühgeschichte daran, künstliche Befestigungen zu errichten. Auf schwer zugänglichen Bergplateaus, auf Inseln oder in Sumpfgebieten entstanden einfache Ringwälle, verstärkt durch Graben und Palisaden, später auch durch Steinmauern. Diese frühen Wallburgen, wie sie in der Oberpfalz vielfach nachweisbar sind, u. a. über Kallmünz, auf dem Johannisberg bei Freudenberg und seit den Grabungen 1981/82 auch über Donaustauf, boten einer größeren Sippen- oder Stammesgemeinschaft Zuflucht. Sie waren häufig Fliehburgen, die nur im Fall der Gefahr aufgesucht wurden.

Im engeren, eigentlichen Sinn aber ist die Burg – zumindest die deutsche und damit auch die Oberpfälzer Burg – als Bauform typisch für den frühen Adel und entstand daher, von Vorläufern und Nachzüglern abgesehen, in der Zeit zwischen Karl d. Gr. (768 bis 814) und der Vervollkommnung der Feuerwaffen in der 1. Hälfte des 16. Jahrhunderts. Dabei ist trotz der offensichtlichen Verwandtschaft der Worte bergen, Berg, Burg die antike Wurzel des deutschen Begriffes »Burg« nicht zu übersehen. Hieß doch der Turm bei den Griechen πύργος, davon ausgehend bei den Römern der Wachtturm »burgus«. Zur deutschen Burg aber gehört der Turm, sei es nun als Bergfried oder Wohnturm.

Die Burgen der Oberpfalz gehören, soweit sie erhalten sind, nahezu ausschließlich dem Typ der Höhenburg an. Nur Loch (Höhlenburg), Wetterfeld und Pettendorf (Wasserburgen) machen eine Ausnahme. Wesentlich vielgestaltiger ist das architektonische Bild, gerade weil sich die Oberpfälzer Burg als Höhenburg in ganz besonderem Maß den Gegebenheiten des Geländes anpaßt. Die vier baulichen Grundelemente einer Burg: Mauer, Tor, Turm und Haus sind zwar, wenn auch zum Teil ineinander verschmolzen oder nur angedeutet, immer vorhanden. Wie sie jedoch angeordnet, durch weitere Bauten ergänzt und im einzelnen ausgestattet sind, ist so unterschiedlich, daß man immer wieder an den treffenden Satz Bodo Ebhardts, eines Altmeisters der deutschen Burgenkunde, erinnert wird: »Die einzige Regelmäßigkeit der Burgen ist ihre Unregelmäßigkeit.«

◁ *Die auf steilem Kalkfels über Naab- und Vilstal gelegene Ruine Kallmünz krönt eines der malerischsten Ortsbilder der Oberpfalz.*

Ebenso reich ist das Erscheinungsbild der Oberpfälzer Burgen, wenn man geschichtliche Kriterien zugrunde legt, nach denen zum Beispiel W. Hotz Reichsburgen, Allodiale Burgen, Ministerialenburgen, Landes- bzw. Territorialburgen, Ganerbenburgen, Kirchen- und Klosterburgen, Stadt-, Dorf- und Gutsburgen unterscheidet. Nahezu alle diese herausgestellten Typen kommen in der Oberpfalz vor; nicht alle aber sind in diesem Zusammenhang von Interesse. So werden die befestigten Dörfer und Kirchenburgen wie Kötzting, Eschlkam, Neukirchen b. Hl. Blut nicht berücksichtigt, Ordensburgen im eigentlichen Sinn fehlen überhaupt. Das Schwergewicht liegt auf dem »festen Wohnsitz«, der, wie Pinder es bezeichnete, »Herrschaft setzen und Schutz gewähren« will.

Geschichtliche Hintergründe des Burgenbaues in der Oberpfalz

Von entscheidender Wichtigkeit für den Bau dieser befestigten, in der Regel einem Adeligen oder seinem Vertreter dienenden Wohnsitze war die damals geltende Sozialstruktur, das diese Zeit prägende Lehenswesen. Seine Entwicklung, seine Blüte und sein Niedergang läuft parallel mit der Häufigkeit, in der Burgen erbaut wurden, wie mit der Bedeutung, die man der Burg als Wehrbau einräumte. Für die Oberpfalz gilt das in ganz besonderem Maß, sind doch die meisten Oberpfälzer Burgen Ministerialenburgen.

Schon unter den Karolingern stützte sich der Adel auf unfreie Gefolgsleute, ministeriales. Sie leisteten in der Regel bewaffnete Reiterdienste (= Ritter) und erhielten dafür leihweise Grund und Boden (= Lehen) zu eigener Nutzung. Da dem Lehensträger mit dem Grundbesitz auch die mit ihm verbundenen grundherrschaftlichen Rechte zufielen, entstand allmählich ein neuer Lehens- oder Dienstadel, die Ministerialen. Stets bereit zum Waffendienst im Kriegsfall wie für die Verwaltung im Frieden, treten die Ministerialen vom 11. Jahrhundert, spätestens vom Ende des 12. Jahrhunderts an als eine neue, geschlossene Adelsschicht neben den Altadel, den Hochadel. Sie waren die wesentlichen Träger des Rittertums und damit auch des Burgenbaues. Denn obwohl noch Karl d. Kahle (823–877) verfügt hatte, daß alle ohne königliche Erlaubnis erbauten Burgen zerstört werden sollten – der Burgenbau war ja ursprünglich königliches Privileg –, war schon unter Heinrich I. (919–936) die Errichtung einer Burg zur Pflicht der Ritterschaft, des neuen Berufskriegerstandes, geworden.

Dieser Aufstieg der für den Burgenbau so wichtigen Ministerialen vollzog sich im Gebiet der heutigen Oberpfalz gleichlaufend mit dem Niedergang des bayerischen Stammesherzogtums, als dessen erste Träger im 6. Jahrhundert die Agilolfinger auftauchten. Ihr Machtbereich erstreckte sich von Vils- und Naabtal bis ins Pustertal. Regensburg, wo noch heute im »Herzogshof« wenigstens die Hauptbauten einer frühen herzoglichen Pfalz: Palas, Wehrturm und Kapelle erkennbar sind, war ihr bevorzugter Aufenthaltsort. Karl d. Gr., dem die Agilolfinger zu selbständig geworden waren, setzte Tassilo III. 788 ab und kam, wie die Reichsannalen berichten, »selbst nach Regensburg und ordnete dort die Grenzen und Marken der Baiern, wie sie mit Hilfe Gottes gesichert sein könnten gegen die Awaren«. Er errichtete eine böhmische Mark, die von der Donau im Süden und der Pegnitz im Westen bis hin zu den noch kaum besiedelten Waldgebieten im Norden und Osten reichte. Mehr und mehr setzte sich für dieses Gebiet der Name Nordgau durch, der nach dem Hausvertrag von Pavia (1329) zunächst durch

»Unsere Pfalz in Baiern« vom 16. Jahrhundert an durch »Obere Pfalz« abgelöst wurde. Erst 1837 wird nach der Teilung des bayerischen Gesamtstaates in Provinzen (später Regierungsbezirke) der heutige Begriff »Oberpfalz« üblich, ein politischer Begriff, der sich räumlich nur ungefähr mit dem alten Nordgau deckt.

Noch einmal kam es im 10. Jahrhundert zu einer Erneuerung des alten bayerischen Stammesherzogtums. Arnulf, der Sohn des 907 im Kampf gegen die Ungarn gefallenen Luitpold, Markgraf zu Kärnten und Graf auf dem Nordgau, behauptete gegenüber König Heinrich I. seine Selbständigkeit und wurde vom bayerischen Stammesadel zum »rex in regno Teutonicorum« gewählt. Sein Tod brachte nicht nur endgültig das Ende der königartigen Stellung der bayerischen Stammesherzöge. Es begann auch die im Lehenswesen begründete immer stärkere Aufteilung des Gebietes. Zwar erreichte das bayerische Herzogtum zunächst unter dem Sachsen Heinrich seine größte Ausdehnung. 950 aber übertrug Otto d. Gr., um die Macht Heinrichs territorial und rechtlich zu schwächen, die Markgrafschaft auf dem Nordgau dem Babenberger Bertold v. Schweinfurt, der in der Folge zur Festigung seiner Ansprüche mit der Errichtung erster Burgsitze begann (Ammerthal, Nabburg, Creussen).

Wenig später kam es zur Bildung einer den westlichen Teil des alten Donaugaues umfassenden Grafschaft, die von etwa 970 an mit der Regensburger Burggrafschaft unter den Paponen in Personalunion vereinigt war. Noch vor 1000 entstand die Burg der Markgrafen von Hohenburg. Im 9./10. Jahrhundert errichteten sich die Herren v. Lengenfeld in der Nähe von Premberg, dem schon 805 im Diedenhofener Kapitular Karls d. Gr. genannten Stapelplatz für den Handel mit den Slawen, einen Burgsitz, das spätere Burglengenfeld. Unter Otto d. Gr. entstand auf dem Galgenberg bei Cham eine wichtige, dem Schutz der Further Senke dienende Reichsburg.

Endgültig aufgeteilt wurde der Nordgau unter Kaiser Heinrich II., dem Heiligen. Nachdem 1003 die Empörung des Babenberger Markgrafen, der sich mit Boleslav dem Glorreichen gegen ihn verbündet hatte, niedergeschlagen war, verkleinerte der Kaiser trotz der feierlichen Unterwerfung des Babenbergers dessen Machtbereich. Nur den östlichen Teil des Nordgaues mit den wichtigen Marken Cham und Nabburg bekam er zurück. Den Westteil zwischen Donau und Pegnitz bis hin zur Schwarzen Laaber erhielt Graf Berengar, der Stammvater der später so mächtigen Grafen von Sulzbach-Kastl-Habsberg. Daneben übertrug Heinrich II. dem neu gegründeten Bistum Bamberg nicht nur fränkische Königshöfe, Besitzungen im heutigen Nieder- und Oberbayern, in Tirol, Kärnten und der Steiermark, sondern auch ausgedehnte Ländereien im Nordgau, darunter die Güter Auerbach, Schwarzenfeld, Vilseck, Holzheim, Kallmünz, Rötz, Nittenau und sogar die Kapelle der Herzogspfalz Regensburg (= Alte Kapelle).

Kaiser Heinrich III. versuchte durch Rodungen und Neuansiedlungen wenigstens einen Teil der dem Reich auf diese Weise im Nordgau entstandenen Gebietsverluste auszugleichen. Er organisierte die durch wichtige Burgen

Die landschaftlich besonders reizvoll gelegene Burg Falkenstein wurde im 17. Jh. durch Umbauten den Wohnbedürfnissen des ausgehenden Mittelalters angepaßt.

geschützten Marken Cham und Nabburg neu und schuf so die Voraussetzungen für die Kolonisationswelle, die immer weiter in das Niemandsland des noch unerschlossenen »Nortwalts« vordrang und als nordöstlichstes Gebiet des Nordgaues die »regio Egere« entstehen ließ, das Egerland. 1077 wurden die schwäbischen Diepoldinger von Vohburg Markgrafen von Cham.

Damit waren Ende des 11. Jahrhunderts die für die Entwicklung des Nordgaues wichtigsten altadeligen Geschlechter zu Besitz gelangt: die Paponen, die Sulzbacher und die Diepoldinger. Ihre Ministerialen tauchen zusammen mit jenen des Reiches, der bayerischen Herzöge und der kirchlichen Grundeigentümer, der Hochstifte Regensburg und Bamberg, in den Urkunden jener Zeit als erste Inhaber der neugegründeten Burgen ringsum im Nordgau auf. Ministerialen der Grafen von Cham-Vohburg saßen auf der Adelburg, dem Haidstein, auf Runding, Thierlstein und Wetterfeld. Regenstauf und Stefling waren Lehen der Regensburger Burggrafen. Die Grafen von Sulzbach ließen Flossenbürg, Habsberg, Kallmünz, Kastl, Königstein, Lichtenegg, Neidstein, Murach, Parkstein, Pfaffenhofen, Poppberg und Rosenberg errichten. Schwärzenberg, Steinamwasser und Vilseck gehörten dem Bistum Bamberg, und Ministerialen des Bischofs von Regensburg verwalteten Brennberg, Donaustauf, Eglofsheim, Falkenstein, Sengersberg, Siegenstein und Wörth. Dazu kamen als Reichslehen Breitenstein, Sulzbürg und Neustadt und die herzoglichen Ministerialen auf Sattelbogen, der Schwarzenburg und in Parsberg.

Wurden so die Herrschaftsbereiche des Adels und der Hochstifte durch zu Lehen gegebene Burgen abgesichert, so kam es bald dazu, daß auch die Ministerialen ihrerseits versuchten, durch den Bau neuer Burgen ihren Besitz zu festigen, in der Regel mit vollem Einverständnis des Lehensherrn, der seine Macht durch abhängige Burgen gleichfalls gestärkt sah.

Diese Entwicklung wurde gefördert durch die Begünstigung der kleinen Ministerialen unter Kaiser Heinrich IV., der in ihnen ein Gegengewicht gegen den zu selbstherrlich werdenden Altadel sah. Sie führte 1105/06 zu einer Verschwörung des Hochadels im Nordgau, bei der Diepold v. Cham-Vohburg, Berengar v. Sulzbach und Otto v. Kastl die Machtergreifung Heinrichs V. durchsetzten. Der Aufmarsch der Heere von Vater und Sohn am Regen endete mit dem kampflosen Rückzug des von seinen Verbündeten im Stich gelassenen Heinrich IV. Wenig später war Heinrich V. an der Macht.

Der allmähliche Niedergang der alten, durch Herrschaft, Gefolgschaft und Lehensmannschaft geprägten Sozialstruktur ließ sich jedoch nicht aufhalten. Eine ganze Reihe ursprünglich kleinerer »Herren«, seien es nun die Chamerauer, die Hofer, die Sattelbogner, Schwarzenburger und die Herren von Parsberg, um nur einige zu nennen, traten an die Seite der von alters her im Nordgau ansässigen Geschlechter, wie der Leuchtenberger, der Herren v. Waldau oder der Waldthurner, und verstanden es durch Heirat, Kauf und Erbschaft zu mehr oder minder großen Ländereien und damit zu Ansehen und Macht zu gelangen. Die Leuchtenberger, deren Stammburg heute die wohl bedeutendste Ruine der

14

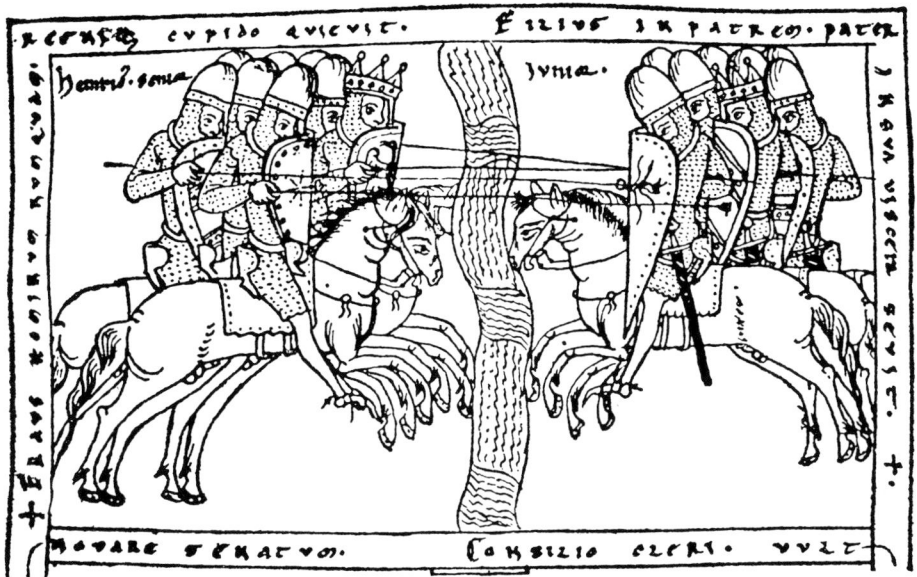

Die Heere Heinrichs IV. und Heinrichs V. am Regen. Darstellung in der Weltchronik Bischof Ottos v. Freising.

Oberpfalz ist, erreichten allerdings nicht nur den Landgrafenstand, sie wurden im 15. Jahrhundert sogar als Reichsfürsten anerkannt.

Auf diese Weise war im 12./13. Jahrhundert das Land aufgeteilt in eine Vielzahl kleiner, weitgehend selbständiger, durch Burgen geschützter Machtbereiche. Die wichtigste Periode des Oberpfälzer Burgenbaus war abgeschlossen. Was folgte, waren – von wenigen Ausnahmen abgesehen – vor allem Ausbauten, Erweiterungen und Verstärkungen.

Aus all dem geht hervor, daß eine so weitgehende militärische Planung, wie sie zum Beispiel K. Gröber vertreten hat, wahrscheinlich doch nicht die entscheidende Grundlage des Burgenbaues in der Oberpfalz war, selbst wenn man den Reichserlaß von Worms aus dem Jahr 926, den sogenannten Burgenerlaß Heinrichs I. berücksichtigt, in dem angeordnet wurde, daß jeder neunte Ritter auf einer Burg zu wohnen habe, die in Kriegszeiten weiteren acht Rittern Raum biete. Gröber nimmt zwei Sperrketten gegen Böhmen hin an, in deren erster Reihe Falkenberg, Flossenbürg, Leuchtenberg und Obermurach liegen, während die zweite Linie durch die befestigten Städte Amberg, Sulzbach und Burglengenfeld gebildet wird.

S. 16/17: Die weithin sichtbar auf beherrschender Höhe gelegene ehem. Burg Leuchtenberg gehört noch als Ruine zu den mächtigsten Burganlagen der Oberpfalz.

Eine derart planmäßige Errichtung von Burgen mußte schon daran scheitern, daß gerade in der wichtigsten Phase des Oberpfälzer Burgenbaues, im 11.–13. Jahrhundert, eine einheitliche, das ganze Land umfassende Herrschaft nicht bestand. Dazu kommt, daß auch die sogenannte Slawengefahr damals – wenn überhaupt – sicher nicht in der ausgeprägten Form empfunden wurde, wie sie erst die Gegenströmung zum Panslawismus des 18./19. Jahrhunderts mit sich brachte. Slawen waren, wenn auch zum Teil als weniger geachtete »Weidende« (= Wenden), überall in dem Gebiet bis hin zur Main-Regnitzgrenze ansässig. Gerade zu Böhmen bestanden seit dem 10. Jahrhundert enge Beziehungen: Prag war wichtiger, zunächst Mainz unterstellter Bischofssitz und unter den späten Přemysliden (10. Jh.–1306) war der böhmische König einer der wichtigsten deutschen Reichsfürsten. Erst die Verbrennung des Jan Hus, dessen Anhänger – und sie waren, wie die Geschichte beweist, dabei keine Ausnahme – religiöse Ziele mit politischen Motiven, ja mit blanker Habgier vermischten, brachte für rund fünfzehn Jahre für die Oberpfalz ernste Probleme aus dem Osten. Zugleich aber machen gerade die Hussiteneinfälle deutlich, daß – schon ein Blick auf die Landkarte zeigt dies – ein Sperrgürtel von Burgen in der von Gröber angenommenen Form gar nicht effektiv sein konnte, zumal in aller Regel die Burgenbesatzung viel zu gering war, um Ausfälle zu unternehmen.

Die Burgen selbst widerstanden den Hussiten mit wenigen Ausnahmen: 1425 wurde Thannstein eingenommen, 1431 fiel Reichenstein durch Verrat, auch Poppberg und Hohenfels scheinen von ihnen zerstört, Leuchtenberg beschädigt worden zu sein. Doch konnten die Hussiten 1428 weder Obermurach noch Stefling oder Falkenstein bezwingen, und auch 1433 blieben die Obermuracher Sieger, wie ein zeitgenössisches Lied so anschaulich schildert:

> »Sie zogen gehn Murach für das hauß,
> Man schoß und wurff zu ihnen herauß,
> Mit büchsen und mit pfeilen,
> So daß die bösen Husserern
> Von dannen musten eilen.«
>
> (Ott Ostmann »Vom Hussenkrieg ein gesang,
> Anno Domini 1433 die Matthaei Evangelistae«)

Ruine Obermurach verkörpert auf besonders eindrucksvolle Weise den für die Oberpfalz ▷
charakteristischen, das Zweckmäßige betonenden Burgentyp, der die Wehrhaftigkeit über die Wohnlichkeit stellt.

Das flache Land aber wurde durch ihre blutigen Raubzüge weithin verwüstet, und sie drangen trotz des »doppelten Sperrgürtels« bis Bamberg vor. Die Schlacht bei Hiltersried, in der Herzog Johann v. Neumarkt die Hussiten 1433 entscheidend schlug und bei der sie fünfzehnhundert Mann an Toten, Verwundeten und Gefangenen verloren, war schließlich, obwohl sich die Bayern auf der Schwarzenburg sammelten, ein Kampf auf offenem Feld.

Auch die Sicherung von Handelswegen oder gar von Dörfern und Märkten, die sich nicht selten erst in Anlehnung an einen Burgsitz entwickelten – man denke nur an Nabburg oder Sulzbach –, spielte sicher nicht die Rolle, die ihr manchmal beigelegt wird.

Schließlich läßt sich die Auffassung, die Burgen seien unter Berücksichtigung der Möglichkeit, Zeichen von der einen zur anderen Anlage zu geben, errichtet worden, in dieser strengen Form sicher nicht aufrecht erhalten, auch wenn spätere Feuersignalordnungen beweisen, daß man die Burgen in dieser Weise benutzte.

All diese Gesichtspunkte mögen im einen oder anderen Fall, in mehr oder minder starkem Ausmaß, beim Bau der Burgen in der Oberpfalz eine Rolle gespielt haben. Entscheidender als derartig übergeordnete Erwägungen waren wahrscheinlich aber doch persönliche Interessen der adeligen Herren und später ihrer Ministerialen. Es darf nicht vergessen werden, daß in einer Zeit, die nahezu ausschließlich von der Naturalwirtschaft beherrscht war, der Besitz von Grund und Boden zum Wichtigsten überhaupt gehörte. Er garantierte durch die Abgaben der Bauern das Lebensnotwendige und durch die mit ihm verbundenen Rechte Herrschaft und Ansehen. So entstanden die Burgen in der Regel dort, wo der einzelne größeren Landbesitz hatte. Und wenn auch die Freidanksche Spruchweisheit »Darumbe baut man bürge, daz man die armen würge«, in dieser harten Form sicher nicht für die Hochblüte des Burgenbaues zutrifft – die hintersässigen Bauern hatten nicht nur Lasten in Form von Abgaben und Frondiensten zu tragen, sie standen auch unter einem gewissen Schutz –, so diente die Burg doch in erster Linie der Sicherung eines erworbenen Besitzes und des damit verbundenen Machtanspruchs.

S. 21: Die erst nach 1937 wiederhergestellte Burg Falkenberg ist mit ihrer extremen Anpassung an das Gelände ein besonders eindrucksvolles Beispiel der Oberpfälzer Höhenburgen.

S. 23: Zu den interessantesten Burgruinen der Oberpfalz gehört die ehem. Höhlenburg Loch.

S. 24/25: Die über Pfaffenhofen gelegene Ruine wurde vor allem als sog. Schweppermannsburg, als zeitweiliger Sitz der Herren v. Schweppermann, bekannt.

Die Oberpfälzer Burg als Bauwerk

Zum Zweck der leichteren Verteidigung, die aus vielerlei Gründen notwendig werden konnte, wurde zum Bau eines »festen Wohnsitzes« innerhalb des eigenen Territoriums eine möglichst günstige, in der Oberpfalz mit ihrem Mittelgebirgscharakter meist eine »sturmfreie«, d. h. kaum oder nur schwer ersteigbare Bergzunge oder Felskuppe ausgewählt, wie sie z. B. Falkenberg oder Flossenbürg als klassische Beispiele zeigen.

Doch bot auch die günstigste Lage nicht ausreichend Schutz, um auf jede Sicherung durch bauliche Maßnahmen verzichten zu können. Pläne und Berechnungen, wie wir sie aus dem Mittelalter z. B. für Kirchen kennen, lagen beim Bau der Oberpfälzer Burgen offensichtlich nicht vor. Der aus strategischen Gründen gewählte Platz und die dort verfügbaren Baumaterialien erzwangen weitgehend Form und Gestaltung, die uns gerade in ihrer schlichten, monumentalen Kraft beeindrucken.

Wie alte Ansichten zeigen, wurde vor allem für die dem Feind abgekehrten Bauteile und für die oberen Geschosse Holz, meist Hartholz, verwendet, und zwar beträchtlich mehr als sich nach dem Aussehen unserer Ruinen vermuten läßt. Die Dächer trugen zunächst sicher Stroh oder Schindeln, wurden wahrscheinlich aber schon verhältnismäßig früh mit Ziegeln gedeckt, wenn auch schriftliche Überlieferungen erst aus dem beginnenden 17. Jahrhundert bekannt sind (z. B. Reparaturen auf Stockenfels und Leuchtenberg). Daneben benutzte man in erster Linie Bruch- und Hausteine aus der Gegend, von der Gotik an zum Teil Ziegel (Donaustauf). Auch dort, wo fast ausschließlich Bruchstein Verwendung fand, sind häufig wenigstens die Ecken zur besseren Haltbarkeit mit übergreifenden, verzahnten Quadern ausgeführt. Doch wurden vor allem Bergfried und Palas oft mit sorgfältig behauenen Buckelquadern mit oder ohne Randschlag errichtet oder zumindest mit ihnen verblendet (z. B. Laaber, Chameregg, Stefling, Breitenegg, Wernberg, Adelburg, Kallmünz, Leuchtenberg). Als Bindemittel diente meist gelblicher, gelbbrauner oder graubrauner Kalkmörtel. Die Verwendung von Milch, Wein oder Ei zum Anmachen des Mörtels dürfte wohl eine Legende sein, mit der man sich die z. T. zementartige Härte mancher mittelalterlicher Mörtelmischungen zu erklären suchte. Viel eher ist ihre Qualität in der Benutzung schon den Römern bekannter Verfahrensweisen – gelöschter Kalk mußte zum Beispiel drei bis sechs Jahre eingesumpft bleiben –, der Wahl lehmfreien Sandes und in der Sorgfalt der Verarbeitung begründet.

Die Stärke der Mauern richtete sich, wie überhaupt alles am Burgenbau, nach ihrem Zweck, der voraussichtlichen Belastung. Sie liegt bei einfachen Mauern zwischen 80 cm und 1,45 m; beträgt bei der Flossenbürger Schildmauer, dem

»Hohen Mantel«, 1,20 m; am Palas von Donaustauf 1,00 m, bei Wernberg dagegen 2,00 m und ist beim Bergfried immer am größten. Sie schwankt auch hier und beträgt zum Beispiel:

> um 1,90 m in Niederviehhausen und Flossenbürg (Wohnturm)
> um 2,00 m in Schellenberg, Wernberg und Wildenau
> um 2,50 m in Treffelstein, Ebermannsdorf
> 2,80 m in Breitenegg
> 3,00 m in Chameregg
> um 3,40 m in Burglengenfeld und Wolfstein

Der Bergfried, der Hauptturm der mittelalterlichen Burg, war aber nicht nur ihr stärkster Bau. Er war für die Burg so wichtig, war optisch durch Umfang, Höhe und Sorgfalt der Mauertechnik so eindrucksvoll, daß er vielfach gleichbedeutend war mit der Burg selbst: man denke nur an die Herkunft des deutschen Wortes Burg oder daran, daß mit dem in mittelalterlichen Urkunden vorkommenden »turrim levare« meist nicht die Errichtung eines Turmes, sondern der Bau einer ganzen Burg gemeint war.

Dieser hochaufragende, häufig an höchster Stelle des Geländes gelegene Turm bot den weitesten Rundblick und damit die Möglichkeit, Freund und Feind schon frühzeitig auszumachen. Nicht selten errichtete man ihn an der gefährdetsten Stelle, der Hauptangriffsseite der Burg (Burglengenfeld, Kallmünz, Loch, Pfaffenhofen, Schwarzenburg, Stefling, Trausnitz i. T., Zant); immer diente er im Fall eines Angriffs als letzte Zuflucht. Er wurde daher, um den Belagernden den Zutritt zu erschweren, meist völlig frei aufgeführt – Trausnitz i. T. ist eine interessante Ausnahme – und hatte erst in beträchtlicher Höhe, vier bis zehn Meter über dem Boden, einen Eingang. Er konnte mit einziehbaren Leitern oder einer im Notfall entfernbaren Holztreppe erreicht werden. Doch sollen auch Strickleitern und Seilaufzüge in Gebrauch gewesen sein. Quadratische Bergfriede, wie sie z. B. in Chameregg, Falkenberg, Laaber, Neueglofsheim, Obermurach, Regenpeilstein, Schwarzenburg, Schweppermannsburg, Stefling, Velburg, Niederviehhausen, Wernberg, Wörth, Alteglofsheim, Waldau und Wildenau anzutreffen sind, sind in der Oberpfalz, wenigstens soweit sich nach dem heutigen Bestand urteilen läßt, etwas häufiger als runde (z. B. in Burglengenfeld, Kallmünz, Loch, Reichenstein, Treffelstein, Thannstein, Wolfstein). Hohenfels besitzt wahrscheinlich wegen der verhältnismäßig ausgedehnten und zugleich ausgesetzten Lage zwei Bergfriede, einen quadratischen und einen runden. Daneben kommen aber auch fünfeckige (Forstenberg, Ramspau), achteckige (Ebermannsdorf), sonstige polygone (Weißenstein) und sich nach oben verjüngende vor (z. B. das sogenannte Butterfaß in Neuhaus/WN).

Verhältnismäßig einheitlich scheint die Inneneinteilung der Bergfriede gewesen zu sein. Im untersten Geschoß, meist mit der Außenwelt nur durch das sogenannte Angstloch in der Decke verbunden, befand sich in der Regel das Burgverließ. Darüber lagen meist zwei bis drei Geschosse, von denen das oberste dem

Ruine Lobenstein gehört zu den in der Oberpfalz verhältnismäßig häufigen, nicht besonders großen Burganlagen mit kleinem Innenhof und mächtigem Wohnturm.

26

Wächter als Aufenthalt, manchmal als Wohnung diente. Die Treppe läuft im Turminneren häufig in der Mauer (Wolfstein, Haimburg, Trausnitz i. T., Regenpeilstein). Kamin und Aborterker finden sich u. a. in Loch, Ebermannsdorf und Burglengenfeld.

Eine interessante Sonderform des Bergfrieds ist der Wohnturm, der in der Oberpfalz mehrfach und in Abwandlungen anzutreffen ist, so bei besonders kleinen Anlagen wie Rostein, Lobenstein, Pettendorf, oder dort, wo von der Lage her ein gesonderter Bergfried nicht notwendig erschien, wie in Flossenbürg, Hof a. Regen, Stockenfels und Wolfsegg. Immer wurde versucht, die Wehrhaftigkeit des Bergfrieds mit größerer Geräumigkeit und Wohnlichkeit zu vereinigen. So haben zum Beispiel Stockenfels und Wolfsegg in den oberen Geschossen größere Fenster und in die Mauern eingelassene Sitznischen.

Den ältesten, ins frühe 12. Jahrhundert verweisenden Wohnturm, auf seiner wahrhaft ausgesetzten Granitklippe nahezu uneinnehmbar und von spartanischer Einfachheit, besitzt Flossenbürg: einen durch den sogenannten Hohen Mantel zusätzlich abgeschirmten dreigeschossigen Bau – 8,75 m × 5,53 m bzw. 3,80 m über trapezförmigem Grundriß –, dessen beide Untergeschosse nur Schießscharten bzw. Schlitzfenster aufweisen. Wesentlich größer, auch komfortabler sind die beiden anderen weitgehend erhaltenen Oberpfälzer Wohntürme: Stockenfels und Wolfsegg. Während Stockenfels in dem zunächst dreigeschossigen, in der Spätgotik durch zwei weitere Geschosse erhöhten Turm an der Nordseite des durch Küche, kleinen Hof und zweiteiligen Wohnbau gebildeten Baues einen ausgesprochenen Wohnturm besitzt, muß der erst im 14. Jahrhundert entstandene zweiteilige Wohnbau von Wolfsegg trotz seiner Wehrhaftigkeit als Übergang zum reinen Palas angesehen werden. Eine besonders seltene Abwandlung des Wohnturms bewahrt Hof a. Regen. Der an der Angriffsseite des inneren Burghofes gelegene, dreigeschossige, wahrscheinlich aus dem 12. Jahrhundert stammende Turm besaß im untersten Geschoß, dessen Eingang zwei Meter über dem jetzigen Niveau des Hofes liegt, eine Kapelle; darüber profane Räume, die dem Wohnen und der Verteidigung dienten. Seine in Deutschland ungewöhnlichste Ausprägung erfuhr der Wohnturm in der Oberpfalz in den Geschlechtertürmen der »Civitas Potentissima« Regensburg, jenen den mittelalterlichen Stadtburgen Norditaliens entsprechenden Haustürmen der Regensburger Patrizier aus dem 13./14. Jahrhundert.

Die wichtigste Rolle in der Verteidigung der Burg spielte, neben Bergfried und sturmfreier Lage, die Mauer. Sie wird in einigen besonders eindrucksvollen Fällen des oberpfälzischen Burgenbaues, in Falkenberg, Trausnitz i. T. und Zant, völlig durch die Außenmauern der Burggebäude ersetzt, umgibt aber meist in Form einer dem Gelände folgenden Ringmauer die Hauptburg. Mauertürme übernehmen die Verstärkung. Sie stehen in der Regel im Verband mit der Mauer, springen aber so weit vor, daß die Mauer vom Turm aus nach beiden Seiten eingesehen und mit Abwehrwaffen bestrichen werden kann. Sie sind häufig nicht sehr hoch und, da sie ausschließlich der Verteidigung dienen und im

Flossenbürg, einst eine der wichtigsten Burganlagen des alten Nordgaues, verkörpert auf eindrucksvollste Weise die reine Zweckmäßigkeit des frühen Burgenbaues in der Oberpfalz.

28

Falle der Erstürmung der Mauer dem Feind keinen Schutz gegen die nun von der Hauptburg aus operierenden Verteidiger geben durften, nach hinten offen, sogenannte Schalen (z. B. auf Adlmannstein, Neuhaus/Cham, Kürnburg, Kallmünz, Leuchtenberg, Schwarzenburg, Ehrenfels).

Den Sonderfall eines Turms völlig außerhalb des Berings – der Abstand zwischen Turm und Mauer beträgt dreißig Meter, und 1421 wird der Turm »außerhalb der Veste« ausdrücklich genannt – bietet Flossenbürg. Er stand möglicherweise durch eine unterpfeilerte Brücke mit der Burg in Verbindung und sollte es dem Feind wahrscheinlich unmöglich machen, sich im Vorfeld der Burg, an ihrer Hauptangriffsseite, festzusetzen. Interessanterweise war dieser Turm mit seinen 2,72 Meter starken Mauern in Art der Wohntürme ausgebaut. Er besaß Kamin, Abort und Wasserausguß.

Eine weitere Verstärkung der Mauer, aber auch den besonders notwendigen Schutz des Eingangs zur Burg, bildeten, falls der Zugang nicht nur durch Graben, Zugbrücke und Tor oder Fallgatter abgeschirmt war, Torturm oder Torbau (z. B. Flossenbürg, Kallmünz, Kastl, Laaber, Leuchtenberg, Velburg, Donaustauf), die auch mehrfach hintereinander vorkommen. Das Tor selbst wurde von innen meist durch starke Querbalken gesichert, deren Laufkanäle z. B. auf Flossenbürg, der Kürnburg und auf Stockenfels noch sichtbar sind. Es besaß meist neben dem Guckloch ein Schlupfpförtlein, Mannsloch genannt.

Vorburgen und zusätzliche Zwingeranlagen, wie sie z. B. Donaustauf in besonders ausgeprägtem Maß besaß, fehlen zunächst. Sie entstehen erst durch den Zwang, sich den schon vor der Erfindung des Schießpulvers immer wirksamer werdenden Angriffswaffen durch Ausbau und ständige Verstärkung der Burg anzupassen.

Neben die reinen Wehrbauten einer Burg treten die Gebäude, die das ständige Leben in ihr erst ermöglichen. Die Burg war ja nicht ausschließlich Wehrbau, sondern auch Wohnsitz. Sie mußte nicht nur Waffen und Kriegsmaterial aufnehmen, Vorräte bewahren, nicht nur die Familie des Burgherrn beherbergen, sondern auch einer mehr oder minder großen Zahl von Burgsassen als Aufenthalt dienen.

Der wichtigste und häufig einzige Wohnteil der Oberpfälzer Burg ist der Palas, eine etwas irreführende Bezeichnung, da er in der Regel wenig palastartige Züge aufweist. Der meist schlicht rechteckige, manchmal dem Gelände folgend mehreckige Bau steht nach Möglichkeit an der sichersten Stelle, der Hauptangriffsseite abgekehrt. Er ist immer mehrgeschossig. Nur Loch, wo die Wohnbauten in Höhlenräume eingebaut wurden, macht notwendigerweise eine Ausnahme. Da Falkenberg und Trausnitz i. T. vom Typ her Sonderfälle darstellen, ist nur der Palas einer einzigen Oberpfälzer Burg verhältnismäßig gut erhalten, der aus dem 14. Jahrhundert stammende Palas von Heimhof. Er besitzt über dem Kellertrakt und dem nur durch Schlitzfenster beleuchteten Erdgeschoß (Vorratsräume) zwei Wohngeschosse mit dem großen Saal im 1. Stock, mit von Holzsäulen getragenen Balkendecken, mit Küche, Kaminen, Abort und mit Sitzbänken in den Fenster-

Der mächtige, neben dem Torbau gelegene, um 1100 entstandene Sinzenhofer Turm gehört zu den ältesten noch bestehenden Bauten Burglengenfelds.

nischen. Darüber folgt als drittes Obergeschoß ein niedrigeres Wehrgeschoß mit Schießscharten und Schießkammern für Hakenbüchsen. Bei allen übrigen Burgen, sei es nun Neuhaus/Cham, Haimburg, Kallmünz, Obermurach, Poppberg, Laaber, Lichtenegg, Leuchtenberg oder Wolfstein, finden sich vom Palas nur mehr oder weniger umfangreiche Reste. Trotzdem läßt sich erkennen – man denke nur an die zierlich gekuppelten Fensterarkaden von Kallmünz oder an Stockenfels und Leuchtenberg mit ihren sorgfältig gearbeiteten Fenster- und Türumrahmungen –, daß auch in der Oberpfalz versucht wurde, den Palas etwas reicher zu gestalten.

Die zu jeder Burg gehörende Kapelle befand sich häufig, vor allem bei einfachen Bauten, wo sie nur aus einer Altarnische bestand, im Palas. Sie konnte aber auch, wie in Hof a. Regen, im Wohnturm untergebracht sein oder ein Geschoß des Torturms einnehmen. Ein besonders schönes Beispiel dafür ist Donaustauf, das mit seinen wohlproportionierten Säulen und den leider inzwischen fast völlig verschwundenen Resten der ursprünglichen Malereien noch als Ruine erkennen

Ehem. Wandmalereien an der Nordwand der westlichen Nische in der Burgkapelle von Donaustauf

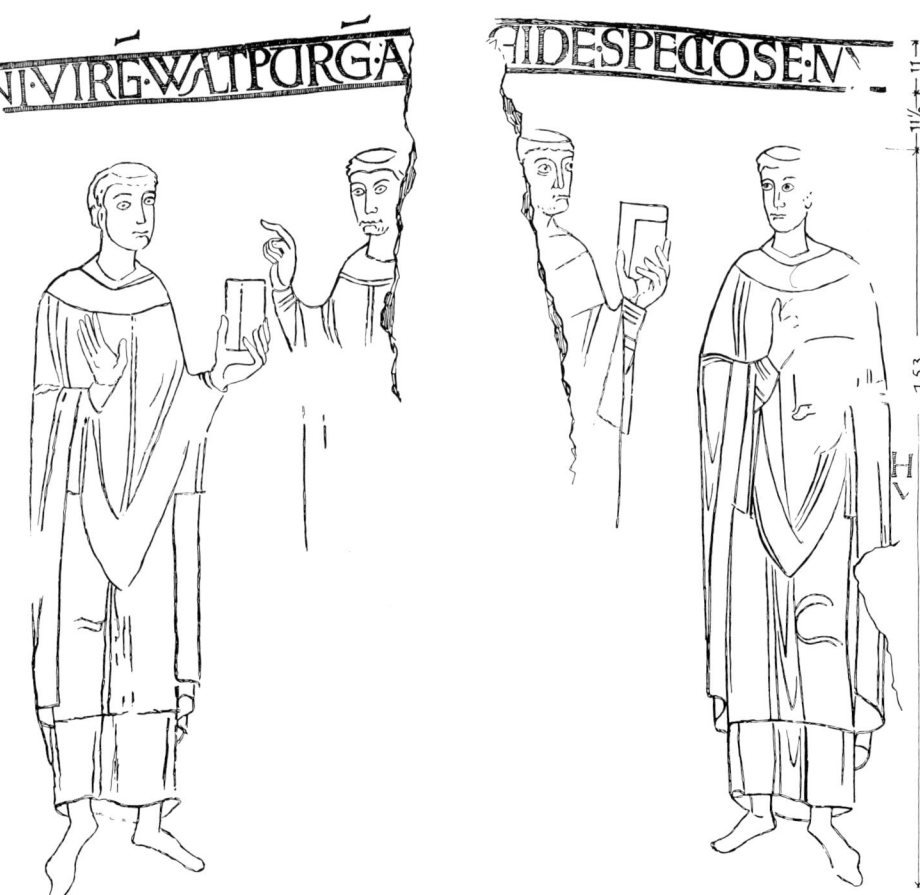

33

läßt, wie qualitätvoll dieser Raum des 11. Jahrhunderts auf der wichtigsten Burg des Regensburger Bischofs ausgestattet war. Eigene, noch feststellbare Kapellenbauten besaßen Brennberg und Laaber, die Schwarzenburg, Siegenstein, Leuchtenberg und Breitenstein. Während auf Brennberg und Laaber kaum aufgehendes Mauerwerk bewahrt ist und auf der Schwarzenburg außer der rechteckigen Umfassungsmauer nur zwei runde Säulen mit Würfelkapitell und Eckknollenbasis ausgegraben werden konnten, sind die doppelgeschossige romanische Kapelle von Breitenstein, der kleine Kapellenbau von Siegenstein und die

1 Die Schloss Kürchen – 2 Hötl im Schloss – 3 Der grosse Gang – 4 Das ausspalierte Zimmer – 4a Prifet Kammer – 5 Zimmer – 6 Speis Gwölb – 7 Küchl – 8 Fletz – 9 Kleines Zimmer – 10 Das grosse Zimmer sambt dem Ärckher – 10a Erkher – 11 Ein Kämmerl – 12 Bräuhaus – 13 Der obere Teil des Gartens – 14 Die Tiefe des Gartens – 15 Zwinger – 16 Die Hofrait – 17 Pferdestall – 18 Halmboden – 19 Schafhütte – 20 Schupfen – 21 Schweinhütte – 22 Hofthor – 23 Hofbaustube – 23a Kammerl – 24 Kuhstall – 25 Ochsenstall – 26 Wagenschupfen – 27 Vietl – 28 Tenne – 29 Backofen – 30 Weyerl – 31 Eingang ins Schloss – 32 Thor – 33 Dieser Eingang ist gewölbt u. hierauf ein Kammergericht – 34 Dungstatt

*Plan der Burg Hof a.
Regen, aufgenommen
von Johann Georg
Kürschhofer, 1736*

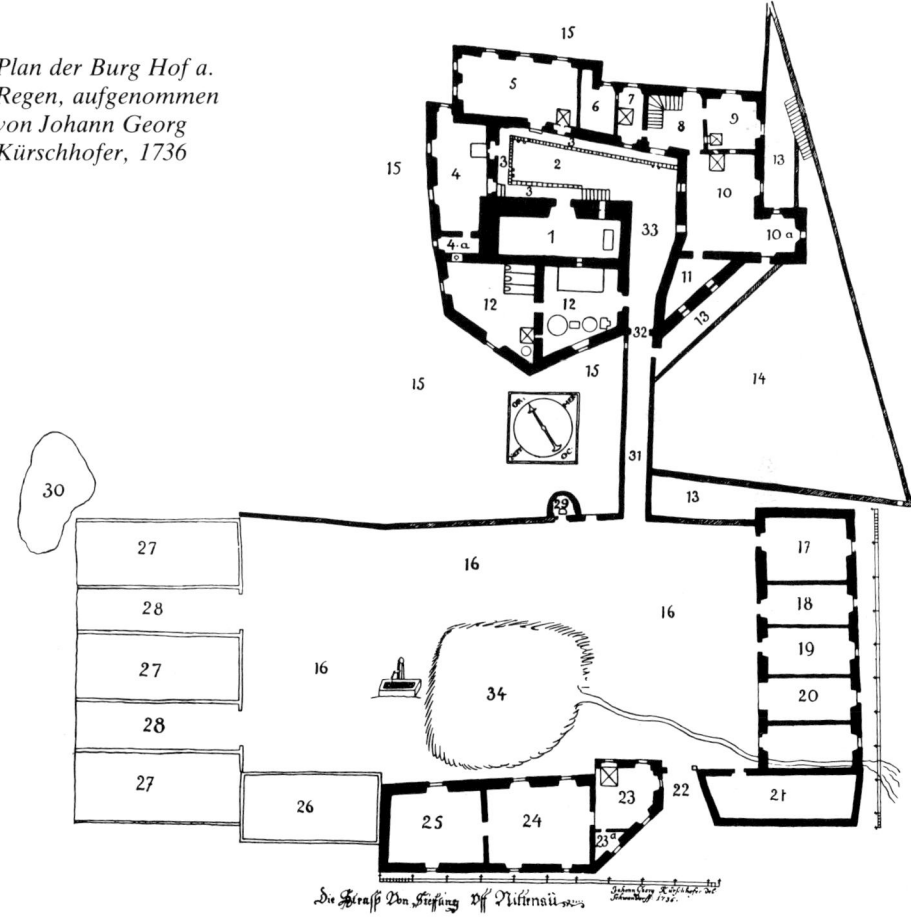

35

während der Gotik in zwei Bauabschnitten entstandene Burgkapelle von Leuchtenberg mehr oder weniger unverändert erhalten.

Zu diesen besonders wichtigen und daher fast immer in der einen oder anderen Form anzutreffenden Bauten einer Burg kam häufig eine ganze Anzahl von Nebengebäuden, die zum Teil außerhalb der eigentlichen, der inneren Burg, in der Vorburg oder sogar völlig außerhalb des Berings lagen. Bei dem allgemein schlechten Erhaltungszustand der Oberpfälzer Burgen, und auch weil derartige Nebenbauten in der Regel leichter ausgeführt waren als Mauern und Türme, Bergfried und Palas, sind sie kaum noch irgendwo anzutreffen. Gut erhalten ist noch die Dürnitz, der Aufenthaltsraum der Dienstmannen, auf Leuchtenberg: ein von einem Gewölbe über sechseckiger Mittelsäule überspannter Raum, der, wie der Palas, aus dem 14. Jahrhundert stammt. Falkenberg besitzt ein eigenes – wiederhergestelltes – Brunnenhaus, auf Stockenfels läßt sich noch die Küche mit den Resten von Kamin und Gußstein erkennen, und in Burglengenfeld ist, allerdings völlig verändert, der ehemals auch als Zeughaus dienende gotische Zehntkasten erhalten.

Was eine große und wichtige Burg allein an Wohnbauten für Dienstleute, Knechte und Mägde, an Stallungen und Vorratsräumen besessen haben dürfte, ganz abgesehen von Brunnen oder Zisterne, von Küche, Bäckerei, Schmiede und anderem, läßt der im Jahr 1736 von Johann Georg Kürschhofer aufgenommene Plan von Hof a. Regen mit seiner Vielzahl von Bauteilen ahnen; zumal wenn man bedenkt, daß Hof, obwohl Stammsitz des angesehenen Geschlechts der Hofer, nicht gerade zu den bedeutendsten Burgen der Oberpfalz zählte.

Geheime, als Fluchtweg benutzbare Gänge waren sicher nicht so häufig wie die Sagen vermuten lassen, die u. a. bei Frauenstein, Obermurach und der Schwärzenburg von ihnen berichten.

Burg Wernberg macht trotz zahlreicher späterer Umbauten (z. B. Arkadenhof der Renaissance) noch immer einen wehrhaften Eindruck. ▷

Verteidigung der Burg

Von grundlegendem Einfluß auf Anlage und Aufbau einer Burg waren naturge-
mäß die den Angreifern zur Verfügung stehenden Waffen, gegen die sie einen
möglichst weitreichenden Schutz bieten mußte. Durch die ständige Überwa-
chung des die Burg umgebenden Geländes (Bergfried!), das zumindest im
Vorfeld von jedem Bewuchs frei gehalten wurde – unsere Burgen und Ruinen
bieten heute in dieser Hinsicht ein völlig falsches Bild –, versuchte man einer
Überraschung vorzubeugen. Vertiefte oder künstlich angelegte Gräben sollten
die Annäherung des Feindes oder das Aufstellen von Sturmleitern zusätzlich
erschweren oder überhaupt unmöglich machen. Es kommen sog. Halsgräben
vor, wie sie z. B. in Donaustauf, Haimburg, Kallmünz, Trautenberg, Trausnitz
i. T. und Weißenstein noch recht gut sichtbar sind; oder Ringgräben (Hohenburg, Runding, Wernberg); Abschnittsgräben (Heimhof, Leuchtenberg, Pfaffenhofen, Velburg); Gräben, die im Ernstfall unter Wasser gesetzt werden
konnten (Neuhaus/Cham) oder ständig Wasser führten (z. B. Wetterfeld, wo der
Graben sogar ausgemauert war). Zugbrücken oder einfache Holzbrücken, die
man im Ernstfall zerstörte, ermöglichten den Übergang.
Schießscharten in den verschiedensten Formen erlaubten den Einsatz der Armbrust, später vor allem von Feuerwaffen aus der Deckung. Gußlöcher und
Pechnasen dienten dazu, näher Herangekommene mit heißem Pech, mit kochen-
dem Wasser und siedendem Öl zu übergießen oder einfach mit Steinen zu
bewerfen.
So war der Verteidiger einer gut angelegten und gut geführten Burg bis zur
Erfindung der Feuerwaffen in der Regel dem Angreifer überlegen. Diesem blieb
nur – falls er nicht in der Lage war, die zum Teil schon den Römern bekannten
Kriegsmaschinen einzusetzen – die Anwendung von List, die Überrumpelung
oder das Aushungern der Verteidiger.
Der Einsatz ausgesprochener Kriegs- und Belagerungsmaschinen wie Mauerbre-
cher (Widder), Belagerungsturm (Wandelturm, Ebenhoch), Schleudermaschi-
nen (Blide, Onager) oder Bogengeschütz (Mange, Ballista) setzte fast immer ein
verhältnismäßig großes ebenes Gelände (Gräben mußten zum Beispiel durch
Reisigbündel aufgefüllt werden) und umfangreiche Bedienungsmannschaften
voraus. Bliden, die übrigens in ihren kleineren Formen auch von den Belagerten
verwendet wurden, erlaubten den Wurf fünfzehn- bis zwanzigpfündiger Steine
über Distanzen von hundert bis zweihundert Metern, wurden aber auch dazu
eingesetzt, Feuerbrände, ja selbst Fässer voll Menschenkot – wie von der
Belagerung der elsässischen Wasserburg Schwanau berichtet wird –, lebende
Gefangene und Tote zu schleudern. Die Bedeutung derartiger Kriegsmaschinen

Widder,
Sturmleiter,
Wandelturm,
Blide.
Aus Flavius Vegetius,
Vier Bücher der Ritter-
schaft, Augsburg 1529

war so groß, daß das IV. Laterankonzil von 1215 »jene todbringende und gottverhaßte Kunst des Baues von Wurf- und Pfeilgeschützen ferner gegen katholische Christen zu üben« bei Strafe des Bannes untersagte. Ob die besonders großen Typen dieser Maschinen in der Oberpfalz tatsächlich eingesetzt wurden, ist recht fraglich. Gerade die Hussiten, die bis zur Mitte des 15. Jahrhunderts die meisten Angriffe gegen Oberpfälzer Burgen führten, dürften kaum über derartig hoch entwickeltes Gerät verfügt haben, dessen Einsatz die oberpfälzische Höhenburg mit ihrer ausgesetzten Lage ohnehin technisch fast unmöglich machte.

Im allgemeinen beschränkte sich die Bewaffnung der Angreifer wie der Verteidiger sicher auf die üblichen Handwaffen, die fast alle nur im Nahkampf brauchbar waren. Freie, Ritter, führten Schwert, Lanze und Dolch. Die einfachen Kriegsknechte benutzten neben dem mehr oder weniger langen Spieß und der Streitaxt vor allem die verschieden geformten Hellebarden, zum Teil mit einer Art Reißhaken, um Reiter vom Pferd oder Verteidiger von der Mauer ziehen zu können. Die Armbrust war die Waffe der Bogenschützen.

Zum Schutz trugen die Knechte kräftige Lederkoller oder einfache eiserne Brustpanzer, dazu einen flachen Helm. Wesentlich komplizierter war die sich ständig weiterentwickelnde Rüstung des Ritters. Bis ins 14. Jahrhundert trug er einen einfachen, etwas mehr als knielangen, in der Mitte gegürteten Waffenrock über dem aus Eisenringen geflochtenen Kettenhemd mit Halsschutz und Beinlingen oder – gegen Ende des 13./Anfang des 14. Jahrhunderts – über dem Schuppenpanzer, der aus dicht gefügten Eisenplättchen auf Leder- oder Stoffunterlage bestand; dazu den einfachen, wuchtigen Topfhelm und den nahezu körperlangen, vom 13. Jahrhundert an kleiner werdenden dreieckig-spitzen, auch rechteckigen Schild.

Mit der Verwendung schwererer Angriffswaffen, vor allem aber der Armbrust, kam es zur Verstärkung des Schuppenpanzers, zum Spangenharnisch, aus dem bis zum Ende des 14. Jahrhunderts der den ganzen Körper mit einem Gefüge beweglicher Eisenplatten bedeckende Plattenharnisch geworden war. Topfhelm, Brünne und Beckenhaube wurden vom Helm mit hochklappbarem Visier und der das Gesicht völlig einschließenden Schallern abgelöst. Aus dem großen, fast den ganzen Mann deckenden Schild entstand die wesentlich kleinere, nur den Oberkörper schützende Tartsche.

Belagerung einer Burg. Aus Flavius Vegetius, Vier Bücher der Ritterschaft, Augsburg 1529

Die Ritterschaft als Träger des Burgenbaues

Ist das Bild eines Ritters der Zeit um 1300 in der Oberpfalz vor allem aus der Darstellung des Zweikampfes im Dollingersaal zu Regensburg überliefert, so läßt sich sein Aussehen zu einer Zeit, als bereits der Plattenharnisch üblich und als Prunk- und Turnierharnisch besonders reich gearbeitet war, aus einer ganzen Reihe von Grabdenkmälern oberpfälzischer Adeliger ablesen. Unter ihnen befinden sich auch kunsthistorisch so bedeutende Grabplatten wie die für Christoph v. Parsberg, gest. 1462, in der Pfarrkirche Lupburg; für Leopold v. Leuchtenberg, gest. 1463, in der Pfarrkirche Pfreimd und für Heinrich und Margaretha Nothaft, um 1471, in der Karmeliterkirche zu Straubing.

Mehr und mehr wurde die Grabplatte um diese Zeit, gerade unter dem auf seine neu erworbenen Rechte und Ehren stolzen Dienstadel, der Ritterschaft, zu einer Dokumentation von Rang und Namen, symbolisiert durch Rüstung und Waffen, durch Wappen und den schon seit vorchristlicher Zeit als Sinnbild der Macht geltenden Löwen. Darüber hinaus läßt sich an der Entwicklung der Grabplatte Aufstieg, Blüte und Niedergang einer ganzen Epoche ablesen. Von der schlichten, einfachen Platte des seine Bedeutung als Selbstverständlichkeit ansehenden Altadels führt der Weg über die Epitaphien des 12. bis 15. Jahrhunderts bis hin zu den in »Statussymbolen« schwelgenden, überdimensionalen Grabdenkmälern der »eingekauften Ritter« in der Spätzeit.

Zwei Teile der Rüstung, Schwert und Schild, wurden zu Insignien des vor allem von den Ministerialen gebildeten Ritterstandes: der Schild als Träger des Wappens, jener erblichen Farben und Figuren, die zur Kennzeichnung eines Ritters und seiner Gefolgsleute dienten; das Schwert als die Waffe, durch deren feierliche Übergabe bei der Schwertleite auch der Ritterbürtige erst zur Würde des Ritters aufstieg.

Eng mit der Schwertleite verbunden war das festliche, doch nicht immer ungefährliche Waffenspiel, die Erprobung und Zurschaustellung der Waffentüchtigkeit bei Buhurt, Tjost und Turnei, dem »Turnier«. Dieses war in weiterem, spätmittelalterlichem Sinn stets ein Fest großen Ausmaßes. Vielleicht waren die in der Oberpfalz stattfindenden Turniere nicht ganz so großartig wie etwa das berühmte Fest, das Friedrich Barbarossa 1184 in Mainz anläßlich der Schwertleite zweier seiner Söhne gab und zu dem zwanzigtausend Ritter zusammengekommen sein sollen. Doch spricht allein die Tatsache, daß zwischen 1284 und 1487 mindestens sechzehn Turniere im Nordgau stattfanden, darunter eines in Amberg und fünfzehn in Regensburg, für die Bedeutung des Oberpfälzer Adels wie für die Beliebtheit des Turnierens. Turniere waren »hochgeziten« des Adels, nicht nur für die an den Kampfspielen aktiv Teilnehmenden, sondern auch für die

Zuschauer, zumal für die Damen, deren Dank dem Ritter höchster Lohn war, kämpfte er doch – wenigstens in der Hochblüte des Rittertums – als Ritter ohne Tadel »durch die vrouwen, durch êre« und nicht »umbe gout«.

Der Kampf um einer Idee willen war aber auch im Ernstfall die erste und wichtigste Aufgabe des neuen Kriegerstandes, der Ritter. Die Frühzeit sah eine Entlohnung im eigentlichen Sinn nicht vor. Im Gegenteil, der Ritter hatte, wie es der Sachsenspiegel 1221 festhält, nicht nur für die eigene Ausrüstung und die seiner Gefolgsleute zu sorgen, sondern auch für Verpflegung, die sechs Wochen zu reichen hatte. Zugleich war der wahre Ritter der christliche Ritter, der miles christianus.

Nur unter all diesen Voraussetzungen waren die Kreuzzüge möglich, die vom 11. bis ins 13. Jahrhundert halb Europa in kriegerische Auseinandersetzungen verwickelten, die, aus urchristlicher Sicht nicht vertretbar, politische, wirtschaftliche und kulturelle Interessen vermischten, von der Kirche aber zum bellum legitimum gegen die Ungläubigen stilisiert worden waren. Drei Kreuzzüge, und zwar die von 1096, 1147 und 1189, sammelten sich in Regensburg, um auf der Donau nach Osten zu fahren. Vor allem an dem letzten, von Friedrich Barbarossa geführten Zug nahmen zahlreiche Oberpfälzer Ritter teil, darunter Otto v. Velburg, Werner IV. v. Laaber und Rapoto I. v. Ortenburg-Murach.

Der Kampf für den Glauben, dazu die Internationalität der Kreuzfahrerheere mögen nicht wenig zur Bildung jener abendländischen Standesethik beigetragen haben, die in ihrer Blütezeit unter den Staufern die mâze, das Maßhalten, als oberste jener Tugenden ansah, die den Ritter über die Beherrschung des Waffenhandwerks und die kriegerische Tüchtigkeit hinaus zu seinen wahren Aufgaben befähigten: den Kampf für das Recht und gegen das Unrecht; den Schutz der Schutzlosen, der Witwen, Waisen und Bedrängten; aber auch der absoluten Treue gegen Lehensherrn und Kirche.

Aus dieser Geisteshaltung erklärt sich die Neigung, Besitz und Burg im Fall eines kinderlosen Todes der Kirche zu vermachen – Ernst und Friedrich v. Hohenburg übereigneten z. B. 1142 ebenso wie Konrad v. Lupburg 1299 ihr Eigentum dem Hochstift Regensburg – oder sein Leben im Kloster zu beschließen, wie Pfalzgraf Friedrich, der 1198 als Laienbruder im Kloster Ensdorf starb. Zugleich führte diese religiöse Grundhaltung zu den Klostergründungen der Grafen v. Sulzbach-Kastl-Habsberg (Kastl, Berchtesgaden), der Diepoldinger v. Cham-Vohburg (Reichenbach, Waldsassen), des Burggrafen Otto I. von Regensburg (Walderbach), wie des Reimar IV. v. Brennberg (Frauenzell). Auch diese Hausklöster des Nordgau-Adels waren nicht nur Träger des religiösen Lebens. Sie waren zugleich weithin ausstrahlende Kulturzentren und hatten – das später reichsunmittelbare Waldsassen in ganz besonderem Maß – Teil an den Kolonisationsaufgaben, die der Nordgau erfüllte.

Schon der Erziehung des angehenden Ritters widmete man große Sorgfalt. Mit sieben Jahren verließ das »junkherrelîn« seine Familie und diente zunächst seiner Herrin, der Frau eines Ritters, als Page. Vom vierzehnten bis zum achtzehnten

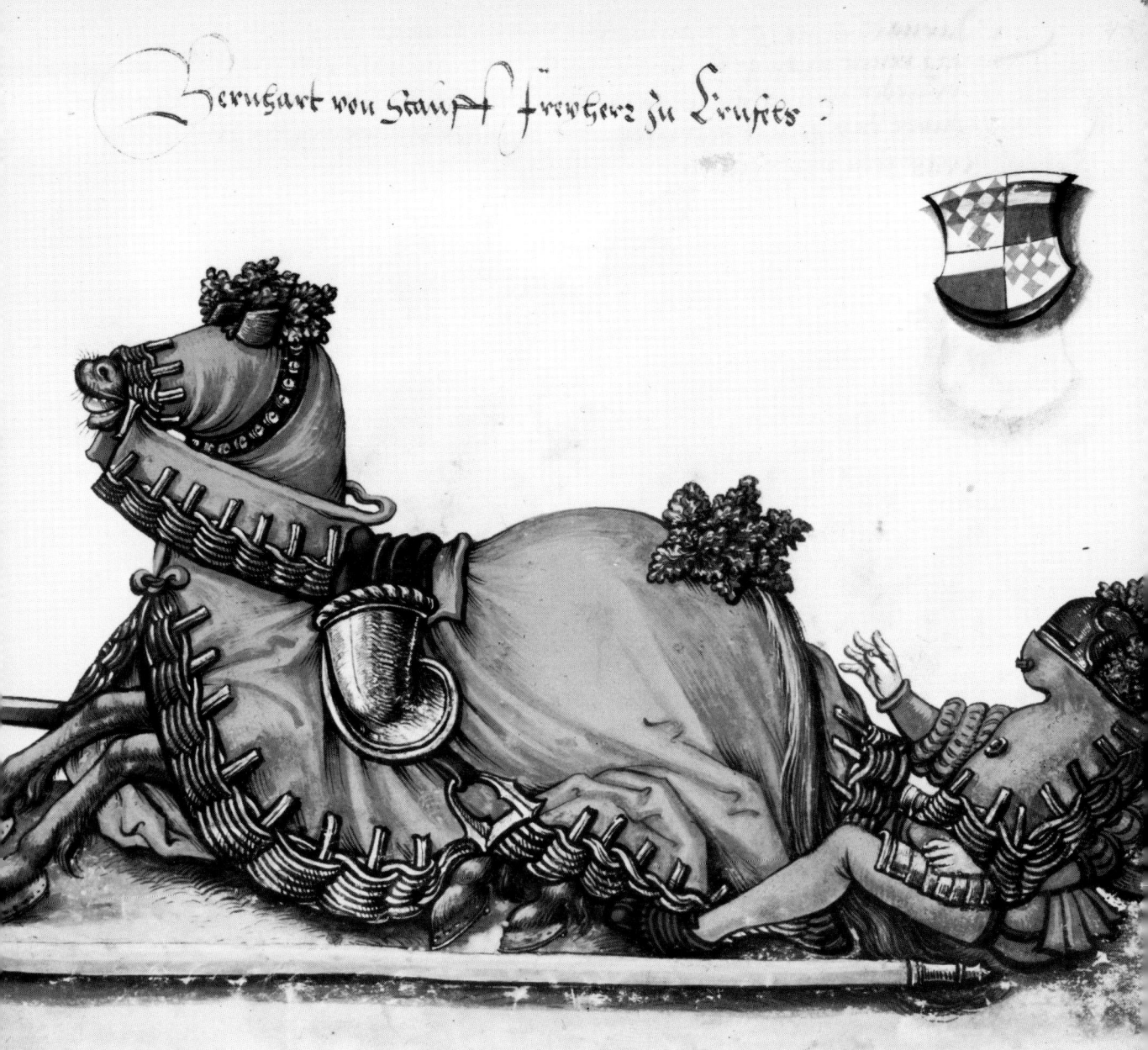

Eine der Darstellungen aus dem berühmten Turnierbuch Herzog Wilhelms IV. v. Bayern, gemalt von Hans Ostendorfer, 1541: der oberpfälzische Ritter Bernhard Stauf zu Ehrenfels läßt sich zu Ehren des von ihm aus dem Sattel geworfenen Herzogs ebenfalls zu Boden gleiten.

Lebensjahr war er Knappe, dann Edelknecht, der sich nicht nur im Gebrauch der Waffen und im Reiten übte, sondern auch in der Dicht- und Sangeskunst, deren Pflege zum ritterlich-höfischen Standesideal gehörte. Vor allem vom 12. Jahrhundert an kam es zu einer Blüte der epischen Dichtung, in deren Helden sich die Zeit Vorbilder einer idealen Lebensführung schuf, und des Minnesanges, jener Lyrik, die das neue Erlebnis des höfischen Frauendienstes dichterisch gestaltete und in den zeitlosen Versen Walthers v. d. Vogelweide gipfelt. Höfischem Brauch folgend, ließen sich die Oberpfälzer Ritter nicht nur von fahrenden Sängern vortragen, sie versuchten sich auch an eigenen Dichtungen, wie der Regensburger Burggraf Friedrich, wie Berthold v. Vohburg-Hohenburg, Reimar III. v. Brennberg oder Hadamar III. v. Laaber, der um 1340 sein vielstrophiges Werk »Die Jagd« verfaßte. Die Schönheit der auf dem Haidstein bei Cham lebenden Markgräfin Elisabeth, Gemahlin Bertholds v. Cham-Vohburg, aber wurde von Wolfram v. Eschenbach in seinem »Parzifal« verewigt – jener Sage vom tumben Tor, der den kostbaren Gral gewinnt –, einem der wahrhaft großen Epen des Mittelalters.

Für so manchen Ritter war es jedoch nicht einfach, der Armut zu entgehen, von der es hieß, sie »hoenet den degen«. Mehr als ein »Ritterbürtiger« blieb Zeit seines Lebens Edelknecht, weil er nicht in der Lage war, den geforderten Troß von mindestens drei Berittenen zu unterhalten. So wissen wir zum Beispiel von Wolfram v. Eschenbach, daß er aus Armut gezwungen war, an fremden Höfen zu dienen, obwohl er aus einem alten Ministerialengeschlecht der Grafen v. Wertheim stammte. Nur zu verständlich wird so die Freude, der Walther v. d. Vogelweide Ausdruck gab, als er fast fünfzigjährig von Kaiser Friedrich II. 1220 ein kleines Lehen erhielt:

> »Ich hân mîn lêhen / al der werlt / Ich hân mîn lêhen!
> Nû enfürhte ich niht den hornunc an die zêhen / . . .
> Der edel künec / der milte künec hât mich berâten /
> Daz ich den sumer luft und in dem winter hitze hân . . .«

Möglichst großer, von leibeigenen Bauern bewirtschafteter Grundbesitz war die Grundlage höfischen, ritterlichen Lebens. Er bildete neben den Einkünften, die sich aus Schirmvogteien über Klöster oder bischöfliches Eigentum ergaben (z. B. Grafen v. Sulzbach – Bistum Bamberg), die wichtigste laufende Einnahmequelle auch der Oberpfälzer Ritterschaft.

Erst allmählich, vom 13./14. Jahrhundert an, trat neben den Landadel der sich ihm durchaus ebenbürtig fühlende und tatsächlich ebenbürtige, stadtgesessene Geschlechteradel, der in seinen Stadtburgen (Regensburg!) wahrhaft höfisch lebte. Die Auer, ein altes Regensburger Patriziergeschlecht, die sich mit Brennberg und Stockenfels Burgsitze auf dem flachen Land erworben hatten, waren im 14. Jahrhundert mächtig genug, sich vierzig reisige Knechte zu halten. Für den

46

landsässigen Ritter aber war Bargeld nicht selten knapp, finanzielle Not nichts Unbekanntes.

Der häufige Besitzwechsel vieler Oberpfälzer Burgen beweist zur Genüge, wie rasch selbst namhafte Geschlechter in Schwierigkeiten kommen konnten. Immer wieder kam es zu Verkauf oder Verpfändungen, und mehr als einmal wurde das Pfand nie wieder eingelöst. In einigen Fällen sind uns sogar die Kauf- bzw. Pfandsummen überliefert. So verpfändeten zum Beispiel die Leuchtenberger 1223 ihren Stammsitz für 200 Pfund an die Grafen v. Ortenburg; Burglengenfeld, Kallmünz und Velburg brachten Kaiser Ludwig 1347 als Pfand vom Landgrafen v. Thüringen und Meißen 21 000 Gulden, vom Landgrafen v. Hessen 30 000 Gulden. Dabei ist zu bedenken, daß es sich nie um die Burg, das Bauwerk allein, handelte, sondern auch um die mit ihr verbundenen Ländereien und Rechte.

Leben auf der Burg

Trotz aller höfischen Ideale war das Leben auf den höchstens mittelgroßen Burgen der Oberpfalz für heutige Verhältnisse mehr als bescheiden, die Einrichtung, zumindest in der frühen Zeit des Burgenbaues, auf das tatsächlich Notwendigste beschränkt. Sie bestand wahrscheinlich aus Tischen und Bänken, aus Truhen, aus den Fellen erlegter Tiere auf Steinboden und Lager. Einzige Wärmequelle war der gleichzeitig zum Kochen benutzte offene Kamin. Licht gab es nur in Form von Kienspänen oder Öllampen. Drangvolle Enge herrschte im bunten Miteinander von Ritter, Knecht und Vieh. Für die Burgherrin war die Führung eines solchen Haushalts, auch wenn Hilfskräfte zur Verfügung standen, sicher eine schwierige, mühevolle Aufgabe.

Steigende Ansprüche führten, wie zum Beispiel auf Flossenbürg, wo neben dem alten Wohnturm aus dem frühen 12. Jahrhundert im 13. Jahrhundert sogar eine ganze Burg mit Palas, Ringmauer und »vorgeschobenem Turm« neu entstand, zu Erweiterungen und Umbauten. Die Räume dürften nun zum Teil Holzverkleidungen erhalten haben, die Fenster wurden größer und hatten zu beiden Seiten in den Nischen Sitzgelegenheiten, wo die Männer sich den beliebten Brettspielen (Schach!) widmen, die Frauen aber handarbeiten konnten. Die wichtigsten Wohnräume erhielten Kamine (Kemenate!).

Essen und Trinken spielten eine wichtige Rolle. Es scheint – wohl auch bedingt durch die wesentlich höheren körperlichen Anforderungen – beträchtlich mehr gegessen und getrunken worden zu sein als heute. Selbst für Knechte und Mägde waren einige Liter Bier pro Tag selbstverständlich. Nahezu alles Lebensnotwendige wurde in der Burg selbst oder doch auf dem zur Burg gehörenden Umland erzeugt. Die für unsere Begriffe besonders reichlich verwendeten Gewürze, vor allem Pfeffer und Safran, lieferten fahrende Händler – nicht jede Burg besaß schließlich wie Regenpeilstein eine Safranmaut –, die als gern gesehene Gäste auch Neuigkeiten erzählten und – etwa vom 15. Jahrhundert an – auch die begehrten Stoffe für die immer reicher werdenden Festgewänder mitbrachten: Brabanter Tuche, Seide und Samt aus Italien und Flandern.

Gern wurde gebadet. So galt es als unschicklich, verschwitzt von der Jagd oder von langem Ritt in den Saal zu treten. Der ankommende Gast wurde zunächst in die Badestube geführt, wo Damen und Herren von Bademägden bedient und mit frischen Kleidern versehen wurden.

Zu den besonderen Vergnügungen gehörte die Jagd, an der auch die Frauen und der Burgkaplan teilnahmen.

Trotzdem war das Leben auf einer Burg wahrscheinlich nur in der warmen Jahreszeit angenehm, wo Gäste kamen oder Besuche gemacht wurden, wo fahrende Sänger und Spielleute einkehrten. Im Winter, wenn der »Böhmische«, der Ostwind, um die Mauern heulte und die wenigen Kamine kaum etwas ausrichteten gegen die Kälte, die durch die nur mit Holzläden verschlossenen Fenster drang, wenn der Schnee alle Verbindung mit der Außenwelt unterbrach, dann war sicher auch Oberpfälzer Burgbewohnern nicht anders zumute als Oswald v. Wolkenstein auf seiner Südtiroler Burg, der klagte:

> ». . .Auff ainem kofel rund und smal,
> mit dickem wald umbvangen,
> vil hoher perg und tieffe tal,
> stain, stauden, stöck, snestangen,
> der sich ich täglich ane zal . . .
>
> . . .neur kelber, gaiss, pöck, rinder
> und knospot leut, swarz, hässelich,
> vast rotzig gen dem winder . . .«

49

Niedergang des Ritterstandes

Mit dem endgültigen Erblichwerden der Lehen, etwa von der Mitte des 13. Jahrhunderts an, wandelt sich der Ritterstand vom reinen Kriegerstand zum Besitzstand, dessen Angehörige daran gingen, ihr Eigentum zu mehren und ihre Privilegien zu festigen und auszubauen, ja sich vom Kriegsdienst freizukaufen, was wenig vorher undenkbar gewesen wäre. Das Todesjahr Kaiser Friedrichs II., des Hohenstaufen, 1250, setzt gewissermaßen einen Meilenstein von symbolischer Kraft. Mit ihm beginnt endgültig jener unaufhaltsame, sich schon seit dreißig Jahren in der Dichtung ankündigende Niedergang nicht nur einer für das Abendland entscheidend wichtigen Gesittung, sondern auch des sie tragenden Standes, der Ritterschaft. Eine neue, von Geld und Geldeswert bestimmte Haltung gewinnt Gewicht.

Für viele Ritter wurde es immer schwieriger, sich gegenüber dem kraftvoll emporstrebenden Bürgerstand, zumal gegen die Kaufleute, die »Pfeffersäcke«, zu behaupten, deren sich mehr und mehr durchsetzende, von absolut anderen Voraussetzungen ausgehende Grundeinstellung dem Ritterstand völlig fremd war und die seine überwiegend auf Naturalien basierende Existenz an der Wurzel bedrohte. »Unter dem Druck der Schuldenlast«, wie eine häufig gebrauchte Formel in den Verkaufsurkunden lautete, war so mancher gezwungen, seinen Besitz zu verkaufen, wollte er nicht als Raubritter versuchen, seine wirtschaftlichen Verhältnisse aufzubessern, wie es zum Beispiel zeitweilig die Chamerauer taten, der auf der Schwarzenburg sitzende Heinrich v. Gutenstein oder die Auer v. Stockenfels. Man versuchte nicht nur durch Straßenraub und Erpressung von Lösegeld der Notlage Herr zu werden, auch die Fehde, das durchaus anerkannte Recht der Selbsthilfe, wurde vor allem im 15. Jahrhundert benutzt, materiellen Gewinn zu erzielen, bestand sie doch in erster Linie darin, auf den Besitzungen des Gegners einzubrechen, zu plündern und zu brennen. Wieder war der einfache Mann, der ohnehin am Rande des Daseins lebende unfreie, hintersässige Bauer, wie schon in den Hussitenkriegen, der Hauptleidtragende einer Zeit, in der »fride und reht sind sêre wunt« (W. v. d. Vogelweide).

Raubrittertum und Fehdewesen zwangen im 15. Jahrhundert die sich als neue Landesherren fühlenden Wittelsbacher, vor allem die Herzöge Albrecht III., d. Frommen, und Albrecht IV., d. Weisen, zur Sicherung von Handel und Wandel zu Strafexpeditionen. 1445 z. B. wurde Neuhaus/Cham erobert, 1467/68 Burg Haidstein zerstört.

Darüber hinaus war das Fehdewesen eine zum Teil als selbstverständlich angesehene Möglichkeit, die in Friedenszeiten brachliegende Tatkraft nun, da weder Kreuzzüge noch große politische Aufgaben sie erforderten, auf anderem, dem

Dank umfangreicher Maßnahmen ist neuerdings der Baubestand der verhältnismäßig großen Ruine Kürnburg vor weiterem Verfall bewahrt.

Schloß Wörth, dessen umfassende Restaurierung z. Z. in Gang ist, ist eines der interessantesten Beispiele der im 16./17. Jahrhundert entstandenen »Burgschlösser« in der Oberpfalz. Es wirkt im Äußeren noch durchaus wehrhaft, war im Inneren ursprünglich aber schon reich ausgestattet.

52

Eigennutz dienenden Feld einzusetzen: fehdelustig, wohl nicht immer fehdebedürftig, beschränkte sich die Ritterschaft nicht auf das nach wie vor beliebte »turnieren«. Gefördert wurde diese Entwicklung durch die Tatsache, daß die Ritterschaft nun zwar endgültig dem Adel angehörte – aus dem Berufsstand war staatsrechtlich ein Geburtsstand geworden –, daß aber die sich verändernden militärischen Gegebenheiten sie ihrer ursprünglichen Aufgaben und damit der inneren Berechtigung beraubten. Die ersten Siege der Söldnerheere – der gegen Lohn Kriegsdienst Leistenden – bewiesen, daß der schwer gepanzerte Reiter der Masse der viel beweglicheren, zu Fuß kämpfenden Gemeinen unterlegen war. Die Schlacht bei Mühldorf, 1322, bei der Friedrich d. Schöne v. Österreich besiegt wurde, der dann seine achtundzwanzig Monate dauernde Haft auf Burg Trausnitz i. T. verbrachte, gilt als die letzte große Ritterschlacht.

Mindestens ebenso schwerwiegend wirkte sich die Erfindung des Schießpulvers aus. Sie fiel in eine Zeit, in der es so aussah, als habe man mit der weitgehenden Vervollkommnung des Burgenbaues ein Höchstmaß an Sicherheit wenigstens innerhalb der eigenen Mauern erreicht. Einige der eindrucksvollsten Burganlagen der Oberpfalz waren ganz oder in Teilen, häufig als Ersatz für einen früheren Bau, von der Mitte des 13. Jahrhunderts an bis ins 14. Jahrhundert entstanden, darunter Flossenbürg, Stockenfels, Trausnitz i. T., Wolfstein, Falkenberg, Heimhof und Wolfsegg. Nun ging man noch einmal daran, das Bestehende den neuen Gegebenheiten anzupassen. Trotzdem war auf lange Sicht gesehen das Schicksal der Burg als »fester Wohnsitz« eines Adeligen, als eines zugleich der Repräsentation dienenden Wehrbaues, ebenso besiegelt wie das des Standes, der sie geformt hatte.

Nur wer es verstand, sich den neuen Gegebenheiten anzupassen, wer die schon immer von dem auf einer Burg sitzenden Ritter geforderte Fähigkeit zur Verwaltung in besonderem Maße entwickelte, konnte sich behaupten, blieb auch unter den Herzögen »Herr«. Das neue, Wohnlichkeit und Repräsentation gegenüber der Wehrhaftigkeit bevorzugende Lebensgefühl dieser Herren erforderte auch eine neue Art zu wohnen. Eine ganze Anzahl von Burgen wurden von ihren adeligen Besitzern verlassen, andere, wie Parsberg, wurden umgebaut, Falkenstein und Wernberg erhielten ihre einen neuen Geist atmenden Arkadenhöfe. In Schloß Wörth aber entstand das bedeutendste oberpfälzische Beispiel jener frühen »Burgschlösser« des 16./17. Jahrhunderts, die mit ihrer noch immer zur Schau gestellten Wehrhaftigkeit bei gleichzeitig reicher Innenausstattung den Übergang bilden zum typischen, nur dem Wohnen und der Repräsentation dienenden späteren Schloßbau.

Ein weiterer ernst zu nehmender Widerpart war der Oberpfälzer Ritterschaft in den Wittelsbachern, den mehr und mehr erstarkenden Landesfürsten, erwachsen. 1180 war Otto v. Wittelsbach aus dem Hause der Grafen v. Scheyern-Dachau Herzog von Bayern geworden. Unter seinem Sohn Ludwig I., dem Kelheimer, begann jener planmäßige Erwerb von Grundherrschaften, der schließlich zur Bildung des bis 1803 bestehenden wittelsbachischen Landesstaates

Bayern führte. Begünstigt durch das Aussterben der wichtigsten Grafengeschlechter um die Wende des 12./13. Jahrhunderts, der Sulzbacher, der Markgrafen v. Cham-Vohburg, der Regensburger Burggrafen wie der Landgrafen v. Stefling, gelang es den Wittelsbachern mit Beharrlichkeit und unter Ausnutzung des sogenannten Heimfallrechtes, von Erbschaft und Heirat weite Teile des Nordgaues in ihre Hand zu bringen. 1268 übernahmen sie als Nachfolger der Hohenstaufen auch deren Besitzungen.

1489 schlossen sich die Ritter zur Wahrung ihrer Rechte gegenüber Herzog Albrecht IV. wie gegenüber »Krämern und Pfeffersäcken« in Cham zum Löwenbund zusammen. Das Ergebnis der sich über vier Jahre hinziehenden Reibereien und Kämpfe war für die Ritterschaft wenig erfreulich: u. a. wurde Burg Ehrenfels, Sitz des Hieronymus v. Stauf zu Ehrenfels, herzoglicher Hofmeister und einer der Hauptanführer des Bundes, »mit sampt der Capellen zerrißen und desgleichen die Thürn und Thor, auch vil Locher in die Maur deß Marcktes Beratzhausen gebrochen«.

Wie die meisten der vor dem 16. Jahrhundert zerstörten Burgen wurde auch Ehrenfels wehrhafter als zuvor wieder aufgebaut. Noch erhoffte man sich hinter festen Mauern, verstärkt durch Zwinger, Batterietürme und Rondelle, Sicherheit vor den neuen Feuerwaffen. Und wenn in der Burg auch meist kein Adeliger mehr wohnte – nicht nur die Landgrafen v. Leuchtenberg errichteten sich eine neue Residenz, nicht nur Heilsberg und Weißenstein wurden schon vor der Mitte des 16. Jahrhunderts wegen Unwohnlichkeit verlassen –, so saß doch auf vielen Burgen ein herzoglicher Pfleger, der für die Sicherheit und die Verteidigung der Anlage zu sorgen hatte.

Ende des Burgenbaues in der Oberpfalz

Die aus dem 13. Jh. stammende Burg Trausnitz i. T. gehört durch den völligen Verzicht auf Ummauerung zu den architektonisch interessantesten Burgen der Oberpfalz.

Schon im Landshuter Erbfolgekrieg (1503–1506) hatte kaum eine der Burgen den Angreifern widerstehen können, nicht nur die Haimburg, auch Kallmünz und Laaber wurden eingenommen. Der Dreißigjährige Krieg aber bewies endgültig, daß die Zeit, in der die Burg als ernst zu nehmender Wehrbau gelten konnte, längst vorüber war. Reihenweise fielen die Burgen nun unter dem Ansturm der Schweden wie der Kaiserlichen: 1621 Leuchtenberg und Flossenbürg; 1623 Burglengenfeld, Donaustauf, Kallmünz, Kürnburg, Thannstein, Velburg, Runding; 1634 Falkenstein und Parkstein; 1635 Ehrenfels; 1648 Falkenberg und Waldau.

Damit war das Schicksal der Oberpfälzer Burgen besiegelt. Sie wurden mit wenigen Ausnahmen dem endgültigen Verfall preisgegeben, dienten den Bauern als Steinbruch oder wurden – und das war eine der besonders schmachvollen Taten des neuen bayerischen Staates – im Zuge der Mediatisierung zu Beginn des 19. Jahrhunderts auf Abbruch verkauft. Ohne diesen heute völlig unverständlichen Schritt stünde Runding noch aufrecht, das unter den Nothaft zu einer der größten Anlagen der Oberpfalz ausgebaut worden war, Hohenfels und Hohenburg wären noch erhalten, genauso wie Lupburg, Obermurach und Burglengenfeld.

Runding, nach einer Karte von 1608

Geschichtliche Hintergründe
des Schloßbaues in der Oberpfalz

Die 1214 erfolgte Belehnung des bayerischen Herzogs Ludwig mit der Pfalzgrafschaft bei Rhein verband den Oberrhein mit Altbayern, verknüpfte die Pfalz bis in die Neuzeit mit den Geschicken Bayerns.

Noch entscheidender, vor allem für die spätere Oberpfalz, war die Teilung durch den Wittelsbacher Hausvertrag von Pavia 1329, die zwei selbständige Fürstentümer schuf. Ludwig d. Bayer erhielt das Herzogtum Oberbayern, dazu eine Anzahl wichtiger Orte und Burgsitze auf dem Nordgau, darunter Burglengenfeld, Kallmünz, Hemau. Den Söhnen Rudolfs, Rudolf II. und Ruprecht I., wurde neben der Pfalz am Rhein der größere Teil des Nordgaus zugesprochen, vor allem die ursprünglich staufischen und sulzbachischen Gebiete. Die Kurwürde, die zunächst zwischen den beiden wittelsbachischen Linien wechseln sollte, sprach Kaiser Karl IV. 1356 mit der Goldenen Bulle allein den pfälzischen Wittelsbachern zu, deren Territorien die Grundlage für die Entwicklung der »Oberpfalz« bildeten.

Während es jedoch im Süden Bayerns schon früh zu einer Konsolidierung der Besitzverhältnisse unter den Wittelsbachern kam, verhinderten weitere Teilungen in der Oberpfalz beständige Verhältnisse und eine großräumige Territorialgestaltung. Nach dem Intermezzo »Neuböhmen«, mit dem sich Kaiser Karl IV. nach 1353 eine in seinem Besitz befindliche Landbrücke zwischen Böhmen und den Reichsstädten Nürnberg und Frankfurt aufbaute und zu dessen wichtigstem Ort er Sulzbach erkor, wurde das der pfälzischen Linie zugefallene Gebiet schon 1410 erneut geteilt. Von den Söhnen Ruprechts III. erhielt Ludwig III. die Kurpfalz mit Heidelberg und Amberg; Johann Neuburg-Sulzbach, also den größeren Teil der Oberen Pfalz mit Neumarkt. Simmern-Zweibrücken kam an Stephan, Mosbach an Otto. 1504 kam es nach den Schrecken des Landshuter Erbfolgekrieges zur Bildung der sog. Jungen Pfalz mit der Hauptstadt Neuburg a. D. In der 2. Hälfte des 16. Jahrhunderts bestanden schließlich zeitweilig folgende selbständige Herrschaftsgebiete nebeneinander: die kurpfälzischen Gebiete mit Amberg als zweiter Hauptstadt (neben Heidelberg), einschließlich der Grafschaft Cham, der Herrschaft Schwarzenburg – Waldmünchen – Rötz und des Waldsassener Stiftslandes; die Fürstentümer Pfalz-Neuburg und Pfalz-Sulzbach; das unter neuburgischer Oberhoheit stehende, von Pfalzgraf Friedrich III. regierte Gebiet um Weiden – Parkstein – Floß – Vohenstrauß; die Herrschaftsbereiche der oberbayerischen Wittelsbacher; das bambergische Amt Vilseck und das regensburgische Hohenburg und Donaustauf-Wörth; das markgräflich-kulmbachische Amt Neustadt a. K.; die reichsunmittelbaren Herrschaften Störnstein

(Lobkowitz), Sulzbürg und Pyrbaum (Wolfstein) und die Landgrafschaft Leuchtenberg.

Zu diesem Neben- und Ineinander einzelner Herrschaftsräume kamen die durch die Reformation ausgelösten religiösen Wirren, da das herrschende Rechtsprinzip »cuius regio, eius religio« den Zwang zu immer neuem Bekenntniswechsel mit sich brachte. Luthers Lehre fand in der Oberpfalz schon früh lebhaften Widerhall. Da sich die Kurfürsten Ludwig V. und Friedrich II. neutral verhielten, wurde die kurpfälzische Oberpfalz – voran die Städte und hier besonders Amberg – wie von selbst lutherisch. Die offizielle Einführung des Protestantismus unter Ottheinrich nach 1556 bestätigte diese Entwicklung, brachte aber gleichzeitig den Verlust wertvollen Kunst- und Bibliotheksbesitzes.

Wenig später erzwang Kurfürst Friedrich III. (1559–76) die Einführung des Calvinismus. Schon sein Sohn kehrte zum Protestantismus zurück. Da sich jedoch die Oberpfälzer Fürsten, der Entwicklung in der Rheinpfalz folgend, in den Konfessionsstreitigkeiten einmal protestantisch, dann wieder calvinistisch entschieden, mußten die Oberpfälzer innerhalb weniger Jahrzehnte noch mehrmals das Bekenntnis wechseln. Es kam zu Auswanderungen, zu Ermordungen und Hinrichtungen, zu Mißtrauen und allgemeiner Unsicherheit. Gleichzeitig verschlechterte sich das Verhältnis der beiden großen Wittelsbacher Linien. Die bayerischen Herzöge begannen daran zu denken, die »obere Pfalz« für den Katholizismus und für Altbayern zurückzugewinnen.

Die sich verschärfenden Religionsstreitigkeiten führten 1608/09 zur Bildung konfessioneller Bündnisse: der evangelischen Union unter Führung des Pfälzer Kurfürsten und der katholischen Liga, zu deren Bannerträger sich der bayerische Herzog machte. Wie so oft wurde der religiöse Gegensatz zum politischen Instrument. Als Friedrich V. von der Pfalz nach dem Prager Fenstersturz (1618) die ihm angebotene Krone Böhmens annahm (1619), ließ Maximilian I. v. Bayern im Auftrag Kaiser Ferdinands II. v. Österreich seine Truppen in Böhmen einmarschieren. Schon 1620 entschied die Schlacht am Weißen Berg dieses seit Kaiser Karl IV. erste und letzte oberpfälzisch-böhmische Intermezzo. Die sich bis 1648 hinziehenden Kämpfe, der Dreißigjährige, in gewissem Sinne europäische Krieg, der Deutschland in einen nahezu allgemeinen kulturellen und wirtschaftlichen Zusammenbruch führte, hatte damit erst begonnen.

Maximilian I. jedoch, dessen weithin siegreicher Feldherr Tserklaes v. Tilly nach der Absetzung Wallensteins Generalissimus der kaiserlichen Truppen wurde, erhielt nicht nur 1623 die angestrebte Kurwürde, sondern 1628 als Ersatz für die entstandenen Kriegskosten auch die Oberpfalz zugesprochen. Bestehen blieben nur die kleinen reichsfreien Territorien und die bambergischen und regensburgischen Enklaven. Daneben Pfalz-Neuburg mit Herrschaften um Parsberg, Burglengenfeld und Hilpoltstein und das zwar neuburgischer Oberhoheit unterstehende, aber Sonderrechte genießende Sulzbach, für das 1652 das »Simultaneum religionis exercitium« gewährt wurde.

Maximilian I., eine der bedeutendsten politischen Gestalten unter den Wittelsbachern, der, absolutistisch regierend, eine ausgezeichnete Verwaltung einführte, mit dem Codex Maximilianeus ein gesundes Rechtssystem schuf und mit seinen merkantilistischen Wirtschaftsreformen seiner Zeit weit voraus eilte, führte Bayern auf einen Gipfel internationalen Einflusses. In der Oberpfalz aber verstärkte sich unter ihm der durch die Wirren der Reformation eingeleitete Abstieg. Die mit aller Strenge unter Führung der Jesuiten durchgeführte Rekatholisierung war für das fast hundert Jahre lutherische bzw. calvinistische Land von nahezu ebenso einschneidender Bedeutung, wie die ungeheuren Verluste, die der Dreißigjährige Krieg in der Oberpfalz verursacht hatte. Nicht nur zahlreiche überzeugt lutherische Adelige verließen das Land, auch viele der alten, für den Reichtum des Landes so wichtigen Hammerwerksgeschlechter wanderten in die Nachbarländer ab. Etwa zwei Drittel der oberpfälzer Hammerwerke stellten ihren Betrieb ein; weithin standen landwirtschaftliche Anwesen verlassen und unbewirtschaftet. Aus dem wohlhabenden, weltoffenen Land war ein armes, als »Steinpfalz« verschrieenes Gebiet geworden. Amberg, einst Stützpunkt des Handels zwischen Franken und Böhmen, Zentrum des Eisenbergbaus und seit 1388 Residenz der Oberpfalz, sank, wie zuvor das niederbayerische Landshut, zur nur noch als Verwaltungsmittelpunkt wichtigen Provinzstadt herab.

München bestimmte die weiteren Geschicke. Von dort kamen die kulturellen Anstöße. Von dort aus spielten die absolutistisch regierenden Kurfürsten ihr Spiel zwischen Wien und Paris, das Bayern nicht nur in den spanischen und den österreichischen Erbfolgekrieg verwickelte, sondern schließlich zum größten Mittelstaat der im Deutschen Bund zusammengeschlossenen Fürstentümer machte. 1777 waren, nach dem Aussterben der altbayerischen Linie der Wittelsbacher, die wittelsbachischen Lande wieder in einer Hand. Die entscheidende Schwenkung Montgelas', des leitenden Ministers unter Max Joseph, auf die Seite Frankreichs (1801) vergrößerte zusammen mit Säkularisation und Mediatisierung den Gebietsumfang Bayerns um nahezu das Doppelte. 1806 nahm Max I. Joseph »da das Ansehen und die Würde des Herrschers in Bayern seinen alten Glanz und die vorige Höhe wieder erreicht hat« den Titel eines »Königs von Bayern« an. Noch bewahrten sich die mediatisierten Fürsten- und Grafengeschlechter ebenso wie die Reichsritterschaft Sonderrechte. Auch sie wurden 1848 weitgehend aufgehoben. Es entstand ein bayerisches Königreich mit gleichen, der Verfassung untertanen Staatsbürgern, in dem die Oberpfalz einen der sieben noch heute bestehenden Regierungsbezirke bildete (früher acht, Pfalz!).

Das Oberpfälzer Schloß als Bauwerk

Es liegt nahe, daß in den Schloßbauten, die viel stärker als der zwingenden Notwendigkeiten folgende Bau der Burgen vom schöpferischen Willen des Bauherrn geprägt wurden, nicht nur die politischen und wirtschaftlichen Verhältnisse ihren Niederschlag fanden. In einem Zeitraum, der sich über mehr als 350 Jahre erstreckt und die Stilepochen der Renaissance, des Barock, des Klassizismus und Historismus umfaßt, mußte auch in einem verhältnismäßig kleinräumigen Gebiet, wie es die Oberpfalz ist, eine reiche Vielfalt von Bauwerken entstehen. Zumal die immer wieder vorgenommenen Änderungen, die Einbeziehung älterer Bauteile, erklären den malerischen Reichtum, aber auch die seit der Renaissance eigentlich unerwünschte Unregelmäßigkeit vieler Grundrisse.

Die im 16. Jahrhundert auch in Deutschland einsetzende allgemeine Besinnung auf das Altertum – vom 19. Jahrhundert an als »Renaissance« bezeichnet –, in der Architektur auf die grundlegenden Theorien Vitruvs, hatten völlig neue Gedanken gebracht: die Betonung der Horizontalen und der Perspektive; die regelmäßige Gruppierung einzelner Gebäudeteile und Räume; die einheitliche Anordnung der Geschosse; die Anlage von Galerien mit Säulenstellungen und Rundbogen; die künstlerische Gestaltung der Treppen; die bildnerische Ausgestaltung durch Bauplastik auch an den Außenwänden.

Obwohl sich die Wittelsbacher diesen neuen, vor allem aus Italien kommenden Bestrebungen, wenn auch auf ihre eigene Art, schon früh aufgeschlossen zeigten – man denke nur an den Umbau der Freisinger Burg 1519, an die 1530 begonnenen Bauten Ottheinrichs in Grünau und Neuburg a. D., vor allem aber an die Stadtresidenz, die sich Herzog Ludwig 1537–43 in Landshut erbaute; obwohl schließlich Wilhelm V. um 1570 mit seinem Ausbau der Burg Trausnitz in Landshut (Innenausstattung!) ein ebenso großartiges Beispiel deutscher Renaissance entstehen ließ wie Ottheinrich in Heidelberg – in der Oberpfalz fanden diese neuen Gedanken nur sehr zögernd Eingang. Auch so bedeutende Anlagen wie Wörth a. D., das Pfalzgraf Johann, bischöflich-regensburgischer Administrator (1507–38), mit großem Aufwand ausbaute, oder das Residenzschloß Neumarkt, das sich Pfalzgraf Friedrich II. nach dem Brand von 1520 errichten ließ, bleiben durchaus der traditionellen Formensprache verhaftet, sei es im Beharren auf umfangreichen Wehrbauten, wie in Wörth, oder durch die Verwendung spätgotischer Details, wie in Neumarkt. Die erst 1586–90 von Pfalzgraf Friedrich aus der Seitenlinie Zweibrücken-Veldenz nach einheitlichem Plan errichtete Friedrichsburg in Vohenstrauß – ein dreigeschossiger, über regelmäßigem Grundriß errichteter, durchaus dem Charakter der deutschen Renaissance entsprechender Bau – verleugnet mit ihren fünf (jetzt sechs) Rundtürmen noch immer nicht die Herkunft aus wehrhafter, mittelalterlicher Grundhaltung. Die nicht erhaltene Residenz der Landgrafen von Leuchtenberg in Pfreimd, deren Aus- und Umbau um 1590 erfolgte, scheint alten Beschreibungen zufolge mit ihren sieben Einzelgebäuden, mit Mauer, Graben und Zugbrücke ebenfalls weit eher burg- als schloßartigen Charakter gehabt zu haben.

Ähnlich liegen die Verhältnisse bei den Landschlößchen und Hammerhäusern, die in der 2. Hälfte des 16. Jahrhunderts und zu Beginn des 17. Jahrhunderts recht zahlreich entstehen (u. a. Dießfurt, Fronberg, Hemau, Hopfau, Altes Schloß in Leonberg und Lintach, Münchshofen, Oberammerthal, Rohrbach, Oberes Schloß in Schmidmühlen, Thumsenreuth, Troschelhammer, Unterwildenau, Weichs, Wolfring, Zandt). Sie besitzen häufig Erker und polygonale Treppentürme und bewahren, wenn auch schon verhältnismäßig früh (wie z. B. in Sattelpeilnstein, 1571–80) regelmäßige Grundrisse vorkommen, noch lange die Formensprache der Spätgotik. Zwei besonders eindrucksvolle Beispiele dafür bieten die Erker von Thumsenreuth und Friedenfels, wo um 1586 die Maßwerkfriese noch durchaus spätgotischen Charakter besitzen. Auch der Einbau einzelner Arkadenhöfe wie in Altrandsberg, in Fronberg oder Wernberg, erfolgte erst im späten 16. Jahrhundert, auf Burg Falkenstein erst um 1619. Völlig dem neuen Stil folgende Hufeisenanlagen wie Hemau oder das mit seinem Uhrturm und der doppelläufigen Freitreppe besonders reizvolle Münchshofen, beide um 1600 entstanden, blieben eine Seltenheit.

Um 1620 kommt der Schloßbau in der Oberpfalz völlig zum Erliegen. Religiöse und politische Wirren, dazu die Tatsache »inter arma silent musae«, verhindern länger als ein halbes Jahrhundert jede Bautätigkeit, die, wie der Schloßbau, in erster Linie der Repräsentation und einem angenehmen Leben diente. Nur zögernd kommt es in diesem, wohl am stärksten heimgesuchten Gebiet Bayerns zu neuem Aufschwung.

Eine erste Hinwendung zum in München längst heimischen Barock bringt in der Oberpfalz die Ausstattung der Fürstenzimmer in Schloß Wörth a. D. durch Wessobrunner Künstler (um 1676). Ähnlich schwer und pompös, in den Figuren der vier (!) Erdteile von besonderem Reiz, ist die um 1685 geschaffene Ausstattung des Kaisersaals in Alteglofsheim.

Erst um 1700 kommt es zur Errichtung neuer Bauten. Die klassische Barockform – eine Hufeisenanlage mit beherrschendem mittlerem Hauptgebäude, dem »Corps de Logis«, und häufig niedereren Seitenflügeln, die den für die Auffahrt der Gäste bestimmten sog. Ehrenhof einschließen, während die Rückseite mit breit angelegter Treppe oder Terrasse zum Garten überleitet – wird häufig abgewandelt, vereinfacht.

Zu den ersten, neu entstehenden Bauten gehören drei, um 1700 von Hammerwerksherren errichtete Anlagen im Vilstal: das Untere Schloß in Schmidmühlen, Schloß Traidendorf und das in seinem bestechend klar gegliederten Aufbau mit den kräftigen Eckrisaliten in der Oberpfalz fremdartig wirkende, von einem

italienischen Baumeister geschaffene Schloß Dietldorf; daneben das heute zerstörte Schloß Helfenberg (1699–1707), das 1703 errichtete Schloß Schönach und das großartige, leider ein Torso gebliebene Neue Schloß (1698–1720) der Fürsten Lobkowitz in Neustadt a. d. Waldnaab. Eine neue, die eigentliche Blüte der Schloßbaukunst setzt damit ein. Noch einmal kommt es zu teilweise durchgreifenden Umbauten und zur Errichtung einer Vielzahl kleinerer und größerer Landedelsitze. Es entstehen schlichte Rechteckbauten, bei denen zum Teil nur die Portalzone durch Säulenstellungen und Giebel betont wird (z. B. Dechantsees, Ebermannsdorf, Stegenhof, Teublitz, Theuern, Zaitzkofen), die aber auch durch zwiebelüberkuppelte Ecktürme ausgezeichnet sein können (Pirkensee, Ramspau); winkelförmige Anlagen wie Köfering, Kröblitz und Wiesent; Hufeisenanlagen wie Fockenfeld und Kaibitz; geschlossene Vierflügelanlagen (Hauzendorf, Stamsried), zum Teil als Weiherhausanlage angelegt wie Gebelkofen; schließlich das Oktogon des Wasserschlosses Sünching.

Mit der glanzvollen Ausstattung, die Schloß Sünching nach 1760 erhielt und die in der Oberpfalz nur in dem 30 Jahre früher entstandenen Westflügel von Schloß Alteglofsheim eine Parallele besitzt, ist ein absoluter Höhepunkt im Oberpfälzer Schloßbau erreicht.

Der um etwa 1770/80 einsetzende Klassizismus, der mit »stiller Einfalt und edler Größe« dem heiteren Überschwang des Rokoko ein Ende setzte, beschränkt sich in der Oberpfalz nahezu ausschließlich auf Regensburg, wo um 1800 eine Reihe qualitätvoller Stadtpalais entstehen (z. B. Villa Lauser, Domprobstei, Württembergisches Palais, Palais des Französischen Gesandten).

Auch der Historismus – Leonberg und Schwarzenfeld mögen als Beispiele für die wenigen Landschlösser dieser Zeit stehen – erfährt in einem Regensburger Schloßbau, der Residenz der Fürsten v. Thurn und Taxis, seine eindrucksvollste Ausprägung.

Am Eingang von Schloß Teublitz erinnern zwei wappentragende Löwen an die Teufel v. Pirkensee, die im 18. Jh. das Schloß erbauten.

Die Residenzen

Die Jahrhunderte dauernde politische Zersplitterung der Oberpfalz wird an der für dieses kleine Gebiet überraschenden Zahl von Residenzen deutlich. Nicht weniger als 7 Orte: Amberg, Sulzbach, Neumarkt, Vohenstrauß, Pfreimd, Neustadt a. d. Waldnaab und Regensburg waren nach der Mitte des 15. Jahrhunderts mehr oder minder lang Sitz eines Landesherren, während das vor allem unter Pfalzgraf Johann wichtige Neunburg v. W. in der Zeit des Schloßbaues schon nicht mehr als Residenz diente. Sichtbar wird aber auch die relative Bedeutungslosigkeit, in welche die Oberpfalz nach der Übernahme durch die oberbayerischen Wittelsbacher 1628 geriet. Gerade die schon im Mittelalter wichtigen Residenzen Amberg, Sulzbach, auch Neumarkt, büßten an Bedeutung ein. Amberg, das als Handelsstadt besondere Privilegien genoß und Zentrum der Eisenerzgewinnung und -verarbeitung war, wurde 1335 als Verwaltungsmittel-

64

S. 66: Der sog. Eichenforst, 1296–1315 erbaut, ist der älteste Sitz der Pfalzgrafen in Amberg.

S. 67: Schwarzenfeld ist mit seinem in der 2. Hälfte des 19. Jahrhunderts errichteten Neubau ein besonders schönes Beispiel für den architektonischen Gestaltungswillen des Historiums in der Oberpfalz.

Schloß Sulzbach ist ein Konglomerat von Bauteilen des 16.–18. Jahrhunderts, errichtet anstelle der wohl noch im 11. Jahrhundert entstandenen Stammburg der Grafen von Sulzbach.

69

punkt der pfälzischen Gebiete auf dem Nordgau Sitz eines Viztumamtes und nach 1410 zweite Hauptstadt der Kurpfalz, in der in der Regel der Kurprinz residierte. 1416 erwarb Herzog Ludwig eine Reihe von Grundstücken an der Stadtmauer. Der älteste Sitz des Pfalzgrafen, der bis ins 13. Jahrhundert zurückreichende, vielgestaltige Baukomplex um den sog. Aichenforst am westlichen Vilsufer, wurde als nicht mehr repräsentativ genug aufgegeben. Auf dem neu erworbenen Grund im Süden der Stadt entstand nach 1417 ein etwa quadratischer, zunächst unbefestigter, nach dem Aufstand der Amberger Bürger aber von Wall und Graben umgebener, um einen Innenhof gruppierter ansehnlicher Gebäudekomplex mit Torbau, Ziehbrücke und hohem Turm, dem sog. Fuchssteiner. Die Umbauten und Erweiterungen, die nach dem Brand von 1557 erfolgten, scheinen an diesem burgartigen Bestand wenig geändert zu haben. Dagegen gab es nun eine Vielzahl von z. T. heizbaren Räumen und Kammern. Darunter nicht nur mehrere Küchen, Schlachthaus, Fleisch- und Speisegewölbe, einen großen Saal mit »65 Gemainer gesindt Tisch«, Flachskammer, Schneiderei etc., sondern auch Silberkammer, Apotheke mit Kräuterstüblein, »Balbierstube«, Schreibstüblein, Kinderzimmer und Kindbettstube der Pfalzgräfin, sowie die Wohngemächer des »gnädigen Herren« und der »gnädigen Frau«. Als Beispiel für die Ausstattung der Räume mag das Inventar der Schreibstube der Pfalzgräfin – aufgenommen 1578 – dienen:

»1 Halb Eysener ofen, oben mit gro (!) Kachlen (= grüne Kacheln); 17 Tafel oben an der wandt, daran der gantz Passion gemalt; 1 Schrankh mit 4 Verschlossenen thürlein, das oberthail mit schwarzem tuch gefüttert, darin nichts; 1 Täfelein darin ain Kindßköpfflein mit Flügeln geschnitzt; 1 Schreibtischlein, von eingelegtem Laubwerkh vnd 4 gedretten Stolln, sambt ainer grossen schubladen, darin 4 Claine schubledlein; 1 Offens Puch Cästlein mit 4 Fächern vnd 4 schubledlein; 1 Gießbehellter mit Zin belegt, ohn ain giesfaß, oben mit 3 Fachen zu Buechern und unden mit verschlossenen Cästlein; 1 Umbgehendts geschraufftes Puldt; 1 Clains Dischlein; 1 Cästlein mit 6 schubledlein; 1 Geflochtener Sessel mit grünnem tuch überzogen mit ainem Grünnen damasaten Kyßl; 1 Alts Penckhlein hinter dem ofen; 1 halbgeschnitzter Reepockh mit ainem Hörnlein; 4 angeheffte Reegehürn; 2 ledige Reestenglein neben dem Puch Casten; 2 Geschnitzte Rehkopfflein mit Hörnlein an der Thür; 2 Geschnitzte Reekopflein mit Hernlein ob der Thür; 1 Angeheffts Gemsenhernlein; 2 Geschnitzte Gemsenkopfflein mit Hörnlein, in der mitt 1 Angeheffts Reh gehürnlein ob der Thür in der Clain Chamer; 1 Callender Tafel; 1 Schifferthafel Jn Holtz gefast; 1 Dafel darauff ain geheffter Druckh die Kyndertauff betreffendt; 1 Eingefaster Feuerspiegel an der wandt.«

Um diese Zeit befand sich innerhalb des Gebäudekomplexes der Hofgarten mit einem doppelgeschossigen »Sommerhaus« und einem Springbrunnen.
Da sich 1601 Teile des Schlosses in baulich schlechtem Zustand befanden und Kurfürst Friedrich fand, daß es ohnehin mit wenig bequemen Gemächern versehen sei, wurde der Heidelberger Baumeister Johann Schoch 1602 mit einem Umbau beauftragt. Zu einer durchgreifenden Änderung im Stil der Renaissance kam es dabei nicht. Es entstand zwar ein neuer Südflügel mit Treppenturm und Volutengiebeln. Der weitere Ausbau kam aber nicht nur wegen des 30jährigen Krieges ins Stocken. Sahen wohl schon die Pfälzer Wittelsbacher wenig Veranlas-

Von der 1539 vollendeten Vierflügelanlage des Schlosses Neumarkt ist nur der Nordostbau mit dem polygonalen Treppenturm erhalten.

sung hier einen Aufwand zu treiben, der dem am Heidelberger Regierungssitz entsprach, so war die oberbayerische Linie nach 1628 noch viel weniger geneigt sich hier allzusehr zu engagieren. Nach dem Brand von 1644, der das Schloß weitgehend zerstörte, blieb der nur notdürftig gesicherte Bau sogar lange Zeit ungenutzt. Erst nach 1716 diente der Schoch'sche Flügel wieder als Wohnung, zunächst des Vizestatthalters, im späteren 18. Jahrhundert des Statthalters. Da nur ausnahmsweise fürstliche Gäste zu beherbergen waren, beschränkte sich auch im Barock die Ausstattung auf Ausmalung und Anbringung von Supraporten in einigen wenigen Räumen. Durch die spätere Verwendung als Amtsgebäude (kgl. Bezirksamt und Rentamt, heute Landratsamt) blieb außer der kleinen Kapelle mit der überwiegend aus dem späten 18. Jahrhundert stammenden Ausstattung kaum etwas an Ort und Stelle bewahrt.

Auch in Sulzbach kam es trotz, vielleicht wegen der zahlreichen Umbauten und Erweiterungen zu keiner einheitlichen Schloßarchitektur. Die Stammburg der Grafen v. Sulzbach, eines der bedeutendsten Nordgaugeschlechter des frühen und hohen Mittelalters, entstand möglicherweise im 11. Jahrhundert auf einer nach drei Seiten steil abfallenden Bergzunge. Schon unter Kaiser Karl IV. scheint die Burg den damaligen Ansprüchen nicht mehr genügt zu haben. Karl, der Sulzbach sehr schätzte und zur Hauptstadt seiner Gründung »Neuböhmen« machte, wohnte bei seinen wiederholten Aufenthalten nicht in der Burg, sondern in der Stadt. Erst mit dem Einzug Ottheinrichs II. 1582, dem sein Vater, Herzog Wolfgang von Zweibrücken-Veldenz, Kurfürst zu Neuburg, Sulzbach zur Residenz bestimmt hatte, begann man die Burg »zu einer fürstlichen Wohnung zu bauen«. 1618–20 kam es zu Umbauten und zur Errichtung eines völligen Neubaues, des sog. Fürstentrakts, »darin ordentlich fürstliche schöne stuben und Cammern verfertigt auf perspektivisch, das wen man durch eine Thür gesehen, man alle thürn durch und durch sehen können. Die fürstlichen Zimmer wurden mit herrlichen schönen gemelden und künstlichen Tafel gezieret, theils auch die wandt mit güldenen stücken, die kammern mit herrlichen fürstlichen Bet gewandt gezieret und kostbahren fürhängen«. Erneut umgebaut wurde in der Zeit als Pfalzgräfin Franziska Dorothea von Zweibrücken-Birkenfeld sich als Witwe nach Sulzbach zurückgezogen hatte (1768–94). 1781 entstand sogar, ganz in barockem Geist, ein neues Theater im sog. »blauen Saal«.

Bei aller Weitläufigkeit entwickelte sich auf diese Weise ein zwar malerisches Konglomerat von Bauteilen, aber keine einheitliche, den Forderungen der Schloßbaukunst der Renaissance oder gar des Barock entsprechende Anlage. Von der sicher interessanten Innenausstattung hat nichts die nach dem Tod der Pfalzgräfin einsetzende Vernachlässigung, die Verwendung der Gebäude für eine Buchdruckerei (1807) und als Strafanstalt (1862) überdauert.

Wesentlich einheitlicher als in Amberg oder Sulzbach ist das Bild, das die Residenzen von Neumarkt und Vohenstrauß bieten.

Zwar bestand auch in Neumarkt ein gotischer Schloßbau, den Pfalzgraf Johann nach 1410 errichtet hatte. Nachdem diese Anlage 1520 durch Brand zerstört

Der bei aller Kühle großartige Torso des 1698 unter Leitung von Antonio della Porta begonnenen Neuen Schlosses von Neustadt/WN vermittelt einen Eindruck von der Bedeutung des vor allem in Böhmen begüterten Fürstenhauses Lobkowitz.

worden war, begann Pfalzgraf Friedrich den Bau eines umfangreichen Schlosses, einer durchaus einheitlichen Anlage mit vier um einen Innenhof gruppierten Flügeln. Auch Friedrich verzichtete nicht auf Bering, Wassergraben und Torturm, legte also noch Wert auf die Verteidigungsmöglichkeit seines Schlosses. Der Innenhof aber entsprach mit seinem Springbrunnen, den zum Hof offenen, auf Steinsäulen ruhenden Arkaden und der überdachten steinernen Freitreppe, die zu den beiden Sälen in den Obergeschossen des Nordwestflügels führte, durchaus den Vorstellungen der Renaissance, selbst wenn die Details noch ganz gotisch waren. Auch die Innenausstattung, von der sich in Neumarkt nur zwei prachtvolle Kamine aus der Werkstatt Loy Herings erhalten haben, scheint, allein aus den zahlreichen Gemälden zu schließen, die das Inventar von 1556 aufführt, reich und kostbar gewesen zu sein.

Haben sich von der Vierflügelanlage des Neumarkter Schlosses nur Nordost- und Südostflügel mit polygonalem Treppenturm erhalten, so bewahrt die Vohenstraußer Friedrichsburg wenigstens im Äußeren ziemlich unverändert das Bild der Erbauungszeit. Anders als in Amberg, Sulzbach oder Neumarkt bestand in Vohenstrauß kein älterer Bau. Friedrich, vierter Sohn Herzog Wolfgangs von Zweibrücken-Veldenz und Bruder des Sulzbachers Ottheinrich II., residierte zunächst in Weiden, entschloß sich aber 1585 zur Errichtung eines Schlosses in Vohenstrauß. Innerhalb weniger Jahre entstand nach 1586 ein dreigeschossiger Bau mit runden Ecktürmen, der zwar noch die Wucht so mancher Oberpfälzer Burg bewahrt, gleichzeitig aber auf eindrucksvolle Weise die Regelmäßigkeit des neuen Stils, der Renaissance, verkörpert. Die Zeit, in der Vohenstrauß als fürstliche Residenz von Bedeutung war, endete schon mit dem Tod des Erbauers (1597), spätestens aber mit dem Tod seiner Gemahlin Katharina Sophia (1608). Von da an diente das Schloß zeitweilig den Pflegern als Wohnung, wurde 1809 Sitz des Landgerichts, 1842 des Rentamts, 1862 auch des Bezirksamts.

Während es weder in Amberg, Sulzbach, Neumarkt, noch in Vohenstrauß nach dem Dreißigjährigen Krieg zu neuer Blüte kam, ist doch wenigstens der Baubestand der dortigen Residenzen bis heute mehr oder weniger gut erhalten. Von der 1332 nach Pfreimd verlegten Residenz der Leuchtenberger finden sich jedoch nur Reste, darunter zwei großartige Portale, die auf die Qualität des um 1590 durchgreifend erweiterten und umgebauten Schlosses mit seinen sieben Gebäuden, mit Graben, Zugbrücke, Tor- und Treppenturm, schließen lassen.

Völlig anders liegen die Verhältnisse in Neustadt a. d. Waldnaab und Regensburg, die erst vom 17. bzw. 18. Jahrhundert an Residenzen unabhängiger Reichsfürsten beherbergten.

Die Herrschaft Neustadt-Störnstein erwarben die Herren v. Lobkowitz 1558 zunächst als Lehen, 1575 als Eigentum. Das vor allem in Böhmen begüterte Geschlecht wurde 1624 in den Reichsfürstenstand erhoben, Neustadt-Störnstein 1641 als reichsunmittelbare, gefürstete Grafschaft Störnstein vom Kaiser bestätigt. Wenig später verlegten die Lobkowitz ihren Wohnsitz nach Neustadt, das damit zur Residenzstadt wurde. Das wahrscheinlich im frühen 17. Jahrhundert

Von allen ehem. oberpfälzer Residenzen ist nur das 1586–90 errichtete Schloß Friedrichsburg in Vohenstrauß wenigstens im Äußeren unverändert erhalten.

74

entstandene »Alte Schloß« genügte den neuen Anforderungen schon bald nicht mehr. 1698 begann Antonio della Porta, der schon mehrfach für die böhmischen Lobkowitz gearbeitet hatte, mit dem Bau des »Neuen Schlosses«, der als Dreiflügelanlage geplanten neuen Residenz. Durch den Tod des Bauherrn Fürst Ferdinand August kam der Bau ins Stocken. Da die Nachfolger nicht mehr in Neustadt residierten, blieb das Schloß unvollendet. Der großartige, wenn auch etwas nüchterne Torso wurde 1808 – Störnstein wurde 1806 mediatisiert und fiel an Bayern – für Amtsräume und Beamtenwohnungen verwendet, das Innere verändert. Außer Stuck und Deckenfresken der Zeit um 1720 in einigen Räumen des Obergeschosses ist nichts erhalten.

Im Großen Ballsaal der Regensburger Residenz des Hauses Thurn u. Taxis verbindet sich die Ausstattung des 19. Jh. mit der ursprünglichen Spiegeldecke des Rokoko zu festlicher Eleganz.

Regensburg ist seit 1748 Residenzstadt des Hauses Thurn und Taxis. Das aus Norditalien stammende Geschlecht, das 1596 vom Kaiser das Reichspostgeneralat erhalten hatte und mit diesem Generalerbpostmeisteramt erheblichen Besitz erwarb, wurde 1695 in den Reichsfürstenstand erhoben. Nachdem Fürst Eugen Alexander 1743/48 zum Prinzipalkommissar, also zum Stellvertreter des Kaisers auf Reichstagen, ernannt worden war, verlegte er seinen Wohnsitz nach Regensburg, der Stadt des »Immerwährenden Reichstags«. Der Bischof von Freising vermietete den Fürsten seinen Stadthof, auch im Reichsstift St. Emmeram standen ihnen Gebäude zur Verfügung, wo sie einen prunkvollen Hof unterhielten und mehrfach Umbauten und Erweiterungen vornahmen. 1806 wurde auch das Haus Thurn und Taxis mediatisiert, die Ämter, vor allem das wichtige Postregal, gingen verloren. Das Geschlecht wurde mit Grundbesitz entschädigt und erhielt u. a. die Herrschaften Donaustauf und Wörth sowie ganz St. Emmeram mit Ausnahme der Kirche. Die einzige in der Oberpfalz noch heute bestehende Residenz bewahrt neben romanisch-gotischen (Kreuzgang, Küche etc.) und barocken (Kapitelsaal, Bibliothek) Gebäudeteilen des ehem. Klosters zum Teil verändert die Um- und Neubauten des 19. Jahrhunderts mit ihrer reichen Innenausstattung.

Schloß Parsberg war bis 1730 Sitz der Grafen v. Parsberg, einem der bedeutendsten Ministerialengeschlechter der Herzöfe von Bayern.

Die Landschlösser

Waren die einzelnen Landesherren in ihren Residenzen bestrebt, ihre Macht und Würde in einem »fürstlichen Haus« zum Ausdruck zu bringen, so versuchten auch die kleinen Adeligen überall im Land »standesgemäß« zu leben und zu wohnen.
Die unter völlig anderen Voraussetzungen und Zielen erbauten Burgen wurden wie z. B. Heilsberg, Leuchtenberg oder Weißenstein spätestens von der Mitte des 16. Jahrhunderts an zugunsten eines bequemen, neuen Schlosses verlassen oder wenigstens wie Falkenstein, Heimhof, Parsberg, Thierlstein oder Wörth durch Umbauten den neuen Bedürfnissen angepaßt. Die alte, das ganze Mittelalter hindurch wichtigste Aufgabe des Adeligen, der Kriegsdienst, war von den Söldnern gegen Bezahlung übernommen worden. Soweit einzelne Adelige nicht als Heerführer, im Verwaltungs- oder Hofdienst der Fürsten tätig wurden – der Fürst der Renaissance oder gar des Barock brauchte zur Erhöhung der eigenen Bedeutung einen umfangreichen Hofstaat – blieb vor allem dem landsässigen Adel nur der Ausbau seines Grundbesitzes zu ertragreichen, landwirtschaftlich genutzten Gütern. Der aus dem Jahr 1600 stammende Grundriß von Sattelpeilnstein, wo sich Justinian v. Peilstein, ein natürlicher Sohn von Herzog Ernst v. Bayern, 1571–80 anstelle der heruntergekommenen Burg ein neues Schloß baute, mag anschaulich machen, wieviel Raum Ställen, Stadel und Bräuhaus innerhalb der gesamten Anlage eingeräumt wurde. Auch viele der aus dem 18. Jahrhundert stammenden Ansichten Oberpfälzer Schlösser von M. Wening

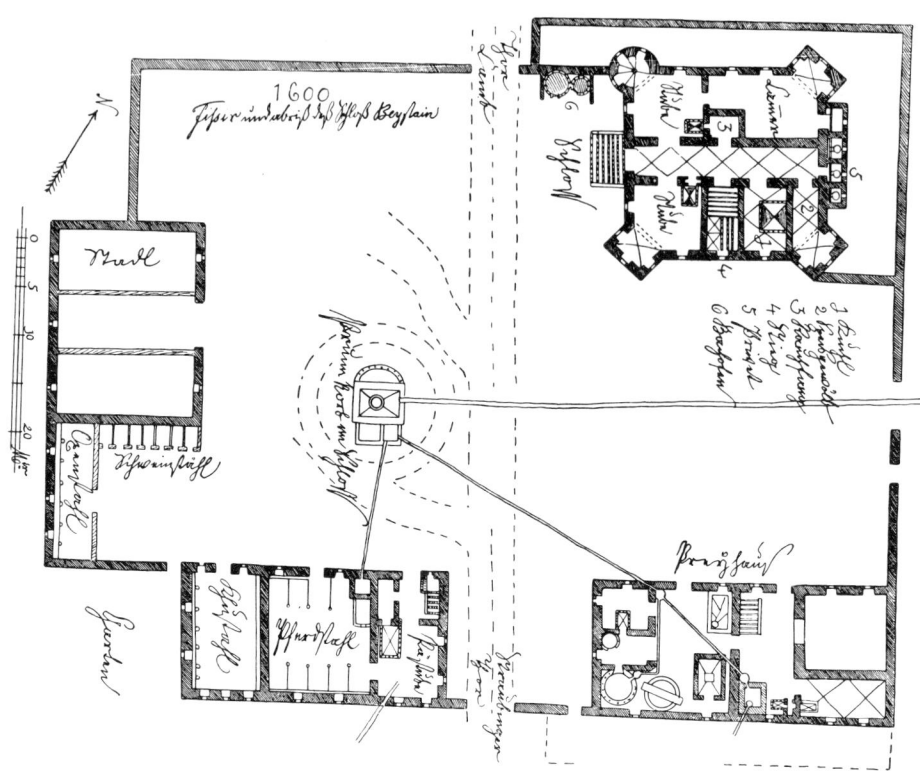

und G. Hämmerl zeigen ausgedehnte landwirtschaftliche Gebäude. Selbst bei einem Schloß wie Alteglofsheim, dessen Besitzer am Münchner Hof bedeutende Positionen innehatten, nahmen nach den Wening'schen Abbildungen Ställe und Scheunen ein größeres Areal ein, als der gewiß nicht kleine, eigentliche Schloß-bau mit dem ausgedehnten Park im französischen Stil.

Zu so großen Gütern wie z. B. in Ostpreußen konnte es jedoch in der Oberpfalz schon wegen der völlig anderen Verhältnisse in der rechtlichen Stellung der leibeigenen Bauern nicht kommen. Sie waren zwar auch hier abgabepflichtig. Eine der Forderungen im Bauernkrieg 1525/26 ging jedoch dahin, die seit dem 14. Jahrhundert allmählich eingeführte Abgabepflicht auch der nachgeborenen Söhne wieder aufzuheben, mit der man versucht hatte, den Rückgang der grundherrlichen Einnahmen auszugleichen. Etwas ähnliches wie die ostdeutsche Realleibeigenschaft, bei der Schollenpflichtigkeit und Gesindezwangsdienst dazu führten, daß die Bauern mit dem Gut verkauft werden konnten, bestand jedoch in der Oberpfalz nie.

Bodenbeschaffenheit und Klima begrenzten außerdem, zumindest in der nördlichen Oberpfalz – das in die fruchtbare niederbayerische Ebene überleitende Gebiet südlich Regensburgs ist im ganzen gesehen eine Ausnahme – die Größe der Güter und damit wohl auch der Schlösser, falls nicht selbst im übersteigerten

Schloß Ramspau – 1726 vollendet – gehört mit seinen vier zwiebelgekrönten Ecktürmen zu den liebenswürdigsten Oberpfälzer Landschlössern.

Barock die Oberpfälzer Neigung zum »Understatement« eine Rolle spielte. Fast durchweg ist das Oberpfälzer Landschloß ein behagliches Haus, zwar ausgezeichnet durch sorgfältige Bauweise, durch Erker, Treppenturm, reich gestaltetes Portal o. ä., aber selbst im Barock kaum dem Bild entsprechend, das durch den Versailler Schloßbau Ludwigs XIV. geprägt wurde und das als anzustrebendes Ideal galt.

Im Gegensatz zu den Residenzschlössern, die in der Oberpfalz fast alle schon sehr früh der Unterbringung von Ämtern dienten und meist ihrer gesamten Innenausstattung beraubt wurden, blieben eine ganze Anzahl von Landschlössern bis in die heutige Zeit in den Händen des Adels, lebendige Zeugnisse einer jahrhundertealten Kultur.

Neidstein (1513), Winklarn (vor 1525), Wolfring (um 1570), Thumsenreuth (1586) und Münchshofen (1597) mögen als Beispiele dienen für die Vielfalt der Schloßbauten, deren Tradition bis ins 16. Jahrhundert zurückreicht, bis in die Zeit vor der großen Pause, die der Dreißigjährige Krieg im Schloßbau mit sich brachte.

Eines der am längsten im Besitz der gleichen Familie befindlichen Schlösser ist Neidstein bei Sulzbach-Rosenberg. Seit 1466 Herzog Ludwig d. Reiche v. Bayern-Landshut die seit dem 12. Jahrhundert bestehende Burg der Nitsteiner dem aus Egerländer Uradel stammenden Hans Prantner verpfändete, also mehr als 500 Jahre, sitzen die Freiherren v. Brandt auf Neidstein. Sie errichteten zu Anfang des 16. Jahrhunderts den noch bestehenden, langgestreckten Bau eines neuen Schlosses mit Torbau und Rundturm, ersetzten im 19. Jahrhundert das alte Dach durch Staffelgiebel, bauten das Schloß aus zu einem heute noch angenehmen Wohnsitz.

Winklarn und Wolfring wechselten dagegen häufig die Besitzer. In Winklarn errichtete Thomas Fuchs v. Wallburg einen rechteckigen Schloßbau mit vier kräftigen, über Eck gestellten Vierecktürmen. Das 1822 abgebrannte Schloß wurde in etwas abgewandelter Form mit drei Ecktürmen und kleinem Innenhof wieder aufgebaut. Umgeben von einem stimmungsvollen, kleinen Park bewahrt es ein reizvolles Interieur mit Möbeln des 15.–19. Jahrhunderts und interessanten, vor allem volkskundlichen Sammlungen.

Viel strenger, unnahbarer als Neidstein oder Winklarn wirkt der wuchtige, dreigeschossige, aus mächtigen Granitquadern errichtete Rechteckbau des Wolfringer Schlosses, über dessen Entstehung in der Zeit um 1570 eine Solnhofener Kalktafel mit drei Wappenschilden im Vestibül berichtet:

ICH WAR AIN ALT VERWVSTES HAVS
MELCHIOR V SALHAVSEN BAVT MICH WIDER AVS
DIS THET ER DER CHVRFVRSTLICHEN PFALZ ZU EHRN.
ALS SEINEM LIEBEN LEHEN HERN
GOT WOLL BEWAREN ALLE DIE
MIT GVTEM FRIEDEN ITZT VNND IE
HIERINEN ZEITLICH WONEN THVEN
DVRCH CHRISTVM IESVM SEINEN SVN
AVCH ZU NVTZ VUND FRVMMEN
SEINEN LIEBEN NACHKVMMEN.

Thumsenreuth dagegen ist – zumindest im Inneren – ein heiteres Schloß. 1661 kam die 1255 erstmals genannte Wasserburg, die unter Christoph Nothaft v. Weißenstein 1586 zu einem noch immer wehrhaften Schloß umgebaut worden war, durch Kauf an die aus Württemberg stammenden Freiherren v. Lindenfels.

83

Seitdem, mehr als 300 Jahre, verblieb das Schloß mit dem durch Wappen und Maßwerkfries geschmückten Rechteckerker in ihrem Besitz. Zartfarbiger Rokokodekor, klassizistische Wandmalereien, gutes Mobiliar, darunter vor allem prächtige Renaissanceschränke, zahlreiche Ahnenbilder, Waffen, frühe Drucke, Porzellan etc., machen den Reiz der zum Teil als Museum zugänglichen, doch durchaus nicht museal wirkenden Räume aus.

Am einheitlichsten wirkt unter diesen frühen Schloßbauten die 1597 entstandene doppelte Hufeisenanlage von Münchshofen. Der nahezu unverändert erhaltene Renaissancebau – nur die Voluten und Obelisken an den Giebeln sind jüngere Zutaten – besitzt im westlichen, bergseits gelegenen kleineren Hof einen doppelten Laubengang, während sich der östliche, größere Hof zum einst wohl weithin überblickbaren Naabtal öffnet. Ein dreigeschossiger, überkuppelter Uhrturm mit offenen Arkaden und doppelläufiger Freitreppe ist Mittelpunkt und Zugang des Schlosses zugleich.

Bei aller Vielfalt doch etwas einheitlicher als die vor 1600 entstandenen Schloßbauten, bei denen zum Teil noch gotische Einflüsse spürbar sind, ist das Bild der im 18. Jahrhundert entstandenen Landschlösser des Barock. Zwar reicht auch hier der Bogen – um nur einiges zu nennen – von dem schon durch seine Lage burgartigen Schönberg, den ausladenden, strengen Bauten von Schönach und Zaitzkofen, den umfangreichen Anlagen von Alteglofsheim und Köfering, über die mit ihren Zwiebeltürmen recht heiter wirkenden Bauwerke von Ramspau und Pirkensee, die reizvollen kleinen Tilly-Schlösser in Breitenbrunn bis zum außergewöhnlichen Oktogon des Schlosses Sünching. Überall aber wurde versucht, dem Ideal des Barockschlosses so nahe zu kommen wie möglich, sei es durch die Berücksichtigung der strengen Symmetrie in Grundriß und Aufriß, die Betonung der Portalzone, die Anlage des Gartens, oder die reiche Ausstattung der zahlreichen Räume mit Stuck und Malereien, das Vorhandensein von Festsaal und Bibliothek.

Neben dem 1699–1707 in Helfenberg entstehenden, leider völlig zerstörten Bau Viscardis, ist das 1703 errichtete Schönach eines der ersten Landschlösser, die in der Oberpfalz im neuen Stil erbaut wurden. Dazu mag beigetragen haben, daß die im nahen Alteglofsheim ansässigen Grafen v. Königsfeld, unter denen es dort schon 1680 zu einem durchgreifenden Umbau im Stil des Barock gekommen war, den Ende des 16. Jahrhunderts noch den Nothaft gehörenden Besitz Schönach erwarben. So entstand hier ein völlig einheitlicher, dreigeschossiger Bau, dessen stattliche Fassade über rustiziertem Erdgeschoß durch Pilaster gegliedert und zum Walmdach hin durch Triglyphenfries und Gesims abgeschlossen wird. Fast alle Räume sind stuckiert und mit Malereien versehen. Besonders reich ausgestattet ist der die zwei Obergeschosse durchlaufende Festsaal, der sog. Rittersaal. Schwer stuckierte Akanthusranken rahmen an den Wänden die Familienbildnisse der Königsfeld, während an der Spiegeldecke sechs Medaillons mit Halbfiguren griechischer Götter und reicher, zum Teil figürlicher Stuck die Sage

Schloß Sünching bewahrt einen der glanzvollsten Festsäle des Rokoko der Zeit um 1760.

Phaetons umgeben: seine Bitte, den Sonnenwagen lenken zu dürfen und seinen Sturz.

Anders als Schönach, das vielfach den Besitzer wechselte, ist das schon im 12. Jahrhundert urkundlich auftauchende Köfering seit 1569, als Kaspar Lerchenfelder zu Brennberg das Gut erwarb, bis heute im Besitz der 1690 in den Reichsgrafenstand erhobenen Familie v. Lerchenfeld. Die ausgedehnte L-förmige Anlage dieses Schlosses, das wie Schönach schon im frühen 18. Jahrhundert entstand, ist jedoch von völlig anderer Wirkung. Arkaden öffnen sich hier zu einem außergewöhnlich weiträumigen Hof, den nach Süden hin die Marstallgebäude begrenzen. Der im ganzen wenig gegliederte Bau besticht durch die Wohlabgewogenheit seiner Proportionen, im Inneren durch die in Jahrhunderten gewachsene vornehm-behagliche Ausstattung, die in einigen Räumen noch aus der Zeit um 1720 bzw. 1740 stammt.

In der 1. Hälfte des 18. Jahrhunderts waren die Freiherren v. Lerchenfeld auch Eigentümer von Schönberg, wo schon im 13. Jahrhundert auf der steil aus dem Tal des Wenzenbaches aufsteigenden Anhöhe eine Burg bestand. Um 1726 scheint der Neubau des Schlosses entstanden zu sein, der allerdings die alte Befestigung beließ und wohl auch älteres Mauerwerk verwendete. Die ausgesetzte, dafür aber aussichtsreiche Lage (Schönberg!) dürfte das Entstehen einer barocken Anlage im eigentlichen Sinn verhindert haben, folgt doch die Südseite völlig unregelmäßig dem Verlauf des Hangs. Nur im Norden konnte eine gerade, symmetrisch aufgeteilte Fassade entstehen.

Ohne jede Behinderung durch das gegebene Gelände oder schon bestehende Bauten entstanden etwa um die gleiche Zeit besonders eindrucksvolle Schloßbauten: das in der Ebene südlich Regensburg gelegene Zaitzkofen, sowie Ramspau und Pirkensee.

Zwar bestand auch in Zaitzkofen mindestens vom 13. Jahrhundert an eine Burg – der Ort wird schon zur Zeit des Regensburger Bischofs Ambricho (864–91) genannt –, das 1730 errichtete Schloß ist jedoch ein völliger Neubau. Absolute Symmetrie herrscht in dem dreigeschossigen, 14 Fensterachsen umfassenden Bau, bei dem an der Nordseite vierachsige Risalite einen Ehrenhof andeuten, während die Südfront in gerader Flucht durchgeführt ist.

Dieser strengen Regelmäßigkeit von Zaitzkofen gegenüber wirken die Schlösser Ramspau und Pirkensee mit ihren gewaltigen Zwiebelkuppeln über den Ecktürmen heiter und beschwingt. In Ramspau wird dieser Eindruck des Äußeren im Inneren mit seiner guten Ausstattung aus dem 18. und 19. Jahrhundert zu bequemer Wohnlichkeit abgewandelt. In Pirkensee, das heute allgemeinen Wohnzwecken dient, läßt nur mehr die leider verwahrloste Kapelle mit ihrem eleganten Rokokostuck und dem von C. D. Asam stammenden Deckengemälde etwas ahnen vom früheren Glanz dieses Schlosses.

Ähnlich schlecht wie um Pirkensee ist es um die im Äußeren renovierten sog. Tilly-Schlösser in Breitenbrunn bestellt, wo ebenfalls von der ehem. Innenausstattung kaum Reste erhalten sind. Dabei verkörpern die beiden Breitenbrunner

Der um 1730 von C. D. Asam geschaffene Ovalsaal von Schloß Alteglofsheim gehört zu den großartigsten Schöpfungen des bayerischen Rokoko.

86

Schlößchen, 1733 und 1746 entstanden, mit ihren nur 5 Fensterachsen umfassenden Fassaden, den durch Pilasterstellungen betonten Portalen und den Figurennischen im Walmdach eine besonders intim wirkende Form des kleinen Landschlosses.

Bedauerlich sind auch noch immer die Verhältnisse in Alteglofsheim, dem wohl umfangreichsten Schloßkomplex der Oberpfalz und gleichzeitig – neben Sünching – dem kunstgeschichtlich bedeutendsten. Alteglofsheim ist keine einheitliche Anlage. Reste der mittelalterlichen Burg (Mauerwerk, Bergfried) sind in die Anlage mit einbezogen, die unter Hans Georg v. Königsfeld nach 1680 ihren ersten durchgreifenden Umbau erfuhr. Damals wurde der mittelalterliche Bau mit seinen beiden runden Ecktürmen (1604) nach Süden durch einen Anbau erweitert, der im Erdgeschoß die Kapelle aufnahm, im Obergeschoß neben vier mehr der Öffentlichkeit dienenden Paradezimmern und drei privaten Räumen (Bibliothek, Salon und Teekabinett) den zwischen beiden Raumfolgen gelegenen sog. Kaisersaal. Von der gesamten Ausstattung dieser »Schönen Zimmer«, die um 1730 unter Leitung François Cuvilliés in elegantestem Rokoko entstand, haben nur Reste die letzten Jahre und Jahrzehnte überstanden. Erhalten blieb die auch schon 1730 als repräsentativ genug empfundene Decke des Kaisersaals mit ihrer üppigen Barockdekoration, die nahezu vollplastisch mit Akanthusranken, Frucht- und Blumengirlanden, mit den fast lebensgroßen Figuren der damals bekannten vier Erdteile eine eigenartige Gemäldekomposition umgibt: Kaiser Leopold I. v. Habsburg und seine Gemahlin als Jupiter und Juno, eingerahmt von einem Kranz vornehmer Damen und Herren.

Gleichzeitig mit der neuen Ausstattung der »Schönen Zimmer« im alten Südflügel ließ Johann Graf v. Königsfeld, der am Münchner Hof unter Kurfürst Karl Albrecht, dem späteren Kaiser Karl VII., einflußreiche Positionen innehatte, den nach Norden gerichteten Westflügel erbauen. Der weit ausgreifende neue Trakt, dessen halbkreisförmig ausspringender Mittelrisalit ein optisches Gegengewicht zum im Südflügel eingebauten mittelalterlichen Bergfried und den überkuppelten Ecktürmen bildet, verleiht der Hauptansicht des Schlosses, vom etwas erhöht über dem Park gelegenen, terrassenförmigen Schloßhof her, seine großzügige, den Rahmen eines ländlichen Schlosses fast übersteigende Wirkung.

Neben einem neuen Treppenhaus entstand hier ein neuer Festsaal, der sog. Ovalsaal, dessen Gestaltung der Graf Cosmas Damian Asam übertrug. Sein Deckenfresko »Der Tag«, das die ganze Kuppel füllt, sie mit dem in eine Gloriole von Licht getauchten Einzug des Gottes Apoll in seinem Sonnenwagen geradezu aufsprengt, blieb neben dem Deckengemälde im Schleißheimer Treppenhaus einziges Beispiel Asamscher Kunst auf profanem Gebiet. C. D. Asam schuf mit diesem nicht besonders großen, aber intim wirkenden Festsaal – wie der damalige Schloßverwalter berichtet, hat »der Herr Asam fast alles selbst diktiert« – einen Raum von heiterster Festlichkeit, eine der großartigsten Schöpfungen des bayerischen Rokoko überhaupt.

Mit seinem spätgotischen Wohnturm und dem aus dem 16. Jh. stammenden Neuen Schloß ist Dießfurt eines der interessantesten Beispiele der für die Oberpfalz so charakteristischen Hammerschlösser.

Wie Johann Georg Graf v. Königsfeld bekleidete auch Joseph Franz Graf v. Seinsheim, dessen Familie seit 1573 Eigentümer der nahegelegenen Herrschaft Sünching war, am kurfürstlichen Hof zu München wichtige Ämter. So konnte er, als er 1758 daranging, das wohl seit dem Ende des 17. Jahrhunderts bestehende Schloß seinem Ansehen entsprechend umzugestalten, Münchner Künstler für diese Aufgabe gewinnen. Zwar errichtete der Münchner Hofbaumeister Leonhard Matthäus Gießl nur den Osttrakt der recht außergewöhnlichen achteckigen Anlage neu. Das Innere des dreigeschossig um einen Innenhof aufgeführten Wasserschlosses aber erfuhr eine vollständige Umgestaltung. An der reichen Ausstattung wirkten neben François Cuvilliés vor allem Franz Xaver Feichtmayr und Jakob Rauch als Stukkateure, Ignaz Günther als Bildhauer und Matthäus Günther als Maler.

In Sünching gehört nicht nur der zweigeschossige Festsaal mit seinen reizvollen Rocaillestukkaturen und den Deckengemälden Günthers (die Götterwelt des Olymp, umgeben von den vier Jahreszeiten), mit den Ahnenportraits und den feingeschnitzten Konsoltischen, zu den großen baukünstlerischen Leistungen der damaligen Zeit. Die Nebenräume, darunter ein Chinesisches Zimmer und zwei Bibliotheken, wandeln die repräsentative Haltung des Festsaals mit Stuck und Wandmalereien, mit schönen Kachelöfen, mit kostbarem Mobiliar und Familienbildnissen in die schlichtere, intimere Sphäre der Privatgemächer ab, während in der ebenfalls zweigeschossigen Kapelle wieder der ganze festliche Reichtum des Rokoko spürbar wird. Weiß-goldener Stuck von eleganter Leichtigkeit gibt hier den Hintergrund für ein Meisterwerk der Schnitzkunst Ignaz Günthers, für Maria, die, gen Himmel fahrend, zur gemalten Trinität des Deckenfreskos aufblickt. Anders als in Alteglofsheim, wo noch 1938 vor dem Verkauf des Schlosses durch das Haus Thurn und Taxis an Private so vieles entfernt wurde, blieb Sünching als eine in der rauhen Oberpfalz außergewöhnliche Verkörperung heiterster, höfischer Lebenskunst des Rokoko, als ein Juwel altbayerischer Schloßbaukunst des 18. Jahrhunderts unverändert erhalten.

Die Hammerhäuser

Mit ihren Residenzen und Landedelsitzen kann die Oberpfalz kaum mit dem Reichtum und der Qualität der Schloßbauten in den übrigen bayerischen Regionen konkurrieren. Die Hammerhäuser aber sind ein Sondertyp kleiner Landschlösser, der in seinem Vorkommen fast ausschließlich auf die Oberpfalz und das kleine, nach Westen bis etwa in den Raum Nürnberg anschließende Gebiet Mittelfrankens beschränkt ist.

Der Erzreichtum des Landes, der schon in vorgeschichtlicher Zeit an manchen Stellen ausgebeutet worden war, machte die Oberpfalz im Mittelalter zu einem bedeutenden, zeitweise sogar zum wichtigsten Eisenproduzenten Europas. Allein im Bereich der beiden großen Oberpfälzer Eisenstädte Amberg und

Sulzbach sollen zeitweilig jährlich bis zu 120 000 t Eisenerz gefördert worden sein. Oberpfälzer Schien- und Stabeisen beherrschte nicht nur den deutschen Markt, sondern wurde nach Böhmen und Ungarn, nach Italien, der Schweiz und bis nach Südfrankreich verkauft. In der 2. Hälfte des 15. Jahrhunderts fand nahezu jeder Vierte seine Beschäftigung in der Eisenerzeugung. Längst war man dazu übergegangen, die kleinen nur auf menschliche Leistung angewiesenen Schmelzen und Schmieden durch die Nutzung der Wasserkraft auszubauen. Schmidmühlen, das bereits 1010 als »smidmuln« erwähnt wird, ist das erste urkundlich bezeugte derartige Hüttenwerk auf deutschem Boden. Vor allem im 13./14. Jahrhundert entstanden an allen kleinen Flußläufen und ihren Zuflüssen, an der oberen Pegnitz, an der Vils, an Heidenaab, Fichtel- und Waldnaab, an Pfreimd und Schwarzach Eisenhütten und Hammerwerke. Den Ausgleich der jahreszeitlich unterschiedlichen Wasserstände übernahmen zum Teil recht aufwendige Wasserbauten. So staute z. B. der zur Regelung der Pfreimd dienende Pfrentschweiher, der größte mittelalterliche Stausee Deutschlands, mit seinen 8 km Länge und einer Breite von 3 km, eine Menge von mindestens 25 Millionen cbm Wasser. Derartige Wasserbauten, die u. a. auch aus dem Raum Bodenwöhr, an der Schwarzach, bei Altenweiher und Heringnohe bekannt sind, stellten über den Bau einer Hütte hinaus hohe Anforderungen an die finanzielle Leistungskraft der Hammerherren.

So ist es nicht verwunderlich, daß sich als Hüttenbesitzer vor allem jene Geschlechter durchsetzten, die ohnehin als Landadelige begütert waren oder als Bürger Geld aus dem Handel zur Verfügung hatten. Dabei verlegte interessanterweise eine ganze Reihe der in Amberg, Sulzbach oder auch Auerbach ansässigen Hammerwerksgeschlechter, im Gegensatz zu den häufig in Nürnberg verbleibenden, ebenfalls im Hammerwesen tätigen Patriziern der freien Reichsstadt, vor allem im 16. Jahrhundert ihren Wohnsitz aufs Land. Sie machen den Großteil jener Hammerherren aus, die, ihren Grund- und Hammerwerksbesitz ständig erweiternd, allmählich ebenfalls in den Adelsstand aufstiegen und sich als Zeichen ihres Ansehens und ihrer Würde jene neben den Hammerwerken gelegenen kleinen Schlösser errichteten, die für das alte Eisenland Oberpfalz so typisch sind.

Die frühesten Hammersitze waren, wie z. B. die aus dem beginnenden 17. Jahrhundert stammende Ansicht des im 19. Jahrhundert fast völlig abgetragenen Hammerguts Hirschbach zeigt, befestigt. Sie besaßen, darin den kleineren mittelalterlichen Burgen ähnlich, einen auch der Verteidigung dienenden Wohnturm. Das wohl schönste Beispiel eines derartigen spätgotischen Wohnturms mit Schießscharten im Erdgeschoß und rechteckigem Maßwerkerker, bewahrt Dießfurt. Der 1346 erstmals urkundlich genannte Hammer wurde vor allem unter den aus altem Nürnberger Patriziat stammenden, durch Heirat in die Oberpfalz gekommenen Kreß v. Dießfurt, denen neben Eisenerzgruben in Sulzbach auch die Hämmer Pechofen und Troschelhammer gehörten, zu einem der bedeutendsten Eisenhüttenwerke der nördlichen Oberpfalz. Wie so mancher Ritter seine

Schloß Fronberg besitzt von allen Oberpfälzer Schlössern den qualitätvollsten Arkaden-hof der Renaissance (1587).

unwohnliche Burg, verließen auch die Kreß um die Mitte des 16. Jahrhunderts ihren »Turm«. 1544 entstand in Dießfurt ein zwar schlichter, doch wesentlich größerer, zweigeschossiger Schloßbau.

Auch die übrigen, in der Zeit vor und um 1600 entstehenden Hammerschlößchen sind nicht besonders aufwendige, dabei aber schon durch ihre Lage am Wasser häufig malerische kleine Anlagen. Erker (wie in Neuhof, Eichhofen oder Troschelhammer), Treppen- und Ecktürme (wie in Altenweiher, Eichhofen, Haselmühl, Hopfau oder Wolfsbach) erhöhen ihre Wirkung. Nahezu überall erinnern (wie in Dießfurt, Eichhofen, Fronberg, Haselmühl, Neumühle oder Steinfels) sorgfältig gearbeitete steinerne Wappentafeln an die damaligen Besitzer.

Eine der interessantesten Anlagen ist in mehrfacher Hinsicht Fronberg. Das bereits 1325 urkundlich genannte Hammerwerk, in dem ab 1461 neben dem sog. Schienhammer auch ein Blechhammer bestand, und das heute der Eisenwerksgesellschaft Maximilianshütte als Gießerei dient, ist wahrscheinlich die älteste noch betriebene Eisenhütte Deutschlands. Jacob Sauerzapf, Ahnherr einer der großen Hammermeisterfamilien des Landes, der zeitweilig sieben Eisenhämmer gehörten, war 1442, als er mit dem Hammer Rosenberg belehnt wurde, auch Eigentümer des Hammergutes Fronberg. Die bis ins 15. Jahrhundert den Fronbergern gehörende, etwas erhöht gelegene Burg wechselte mehrfach den Besitzer. Obwohl schon Jacob Sauerzapf Pfandschaften auf die Burg besessen hatte, kamen Burg und Hammer doch erst unter den Vestenbergern, die 1563 den Hammer erwarben, völlig in eine Hand. Unter ihnen erfuhr Fronberg auch seinen ersten bedeutenden Umbau. 1587 entstand der westliche Trakt mit einem der schönsten in der Oberpfalz erhaltenen Laubengänge der frühen Renaissance: ursprünglich doppelgeschossig, umfaßt die obere Laube acht Arkaden, Laubwerkkapitelle schmücken die runden Steinsäulen, die Brüstung zeigt zwischen noch gotischen Maßwerkblenden das Wappen der Vestenberger. Kaum 40 Jahre später wurde der Ausbau Fronbergs unter Goßwein Freiherr v. Spirinckh, dem das Schloß zwischen 1622 und 1638 gehörte, fortgesetzt. Es entstand der ganze langgestreckte, jetzige Hauptbau mit zwei Ecktürmen, mit dem durch Kapelle und westlich gelegenem älteren Bau gebildeten Ehrenhof, doppelläufiger Freitreppe und ausgedehntem Park.

Fronberg ist eines der wenigen, wenn nicht überhaupt das einzige Beispiel derartig großzügiger Bautätigkeit während des Dreißigjährigen Krieges, der sich, wie die Konfessionsstreitigkeiten, auf das Hammerwesen besonders nachteilig auswirkte. Gerade einige Angehörige der ältesten und angesehendsten Hammerwerksgeschlechter verließen unter dem Druck der Gegenreformation das Land. Darunter die 1510 durch Kaiser Maximilian geadelten Portner, die in der ganzen Oberpfalz Hammerwerke betrieben (z. B. Theuern, Leidersdorf, Vilswert, Schwarzenfeld, Heringnohe, Wolfsbach, Hellziechen) und nicht nur mit anderen Oberpfälzer Eisenhüttenherren verschwägert waren, sondern auch mit den Augsburger Fuggern und mit sächsischen Industriellen. Etwa zwei Drittel der Hämmer waren nach dem Dreißigjährigen Krieg zerstört oder verlassen, ein

Wie so viele Schlösser und Hammergüter besitzt auch das stattliche ehem. Hammerhaus von Heringnohe eine eigene Kapelle.

Schlag, von dem sich das Oberpfälzer Eisenhüttenwesen nie mehr erholte. Die Vormachtstellung innerhalb Europas Eisenhandel war endgültig verloren. Nur ein Bruchteil der alten Hüttenwerke wurde wieder aufgebaut, zumal an vielen Stellen der jahrhundertelange Raubbau in den Wäldern schon vor 1600 zu Schwierigkeiten in der Beschaffung des notwendigen Feuerholzes, ja zum Widerstand innerhalb der Bevölkerung geführt hatte. 1580 wurde z. B. den Hirschbacher Hammermeistern Clement und Mathei Ebner vorgeworfen, daß sie »... ein großes Holtz ungeverlich 200 Tagwerk mit ihren Hammer Hirspach alles erödigt darzu den Boden mit sengen und brennen also hart verderbt, daß der Orten nimmer was fruchtbares zu helfen ...«.

Trotzdem konnten sich einige Hammerwerksgeschlechter über die schlechte Zeit retten. Mit zu den ersten um 1700 in der Oberpfalz entstehenden neuen Schloßbauten gehören drei Hammerhäuser im Vilstal: Traidendorf, Schmidmühlen und Dietldorf. Schmidmühlen konnte auf eine besonders lange Tradition als Eisenhammer zurückblicken, dazu besaß es – nahezu nur per Schiff herbeigeführtes Amberger Erz verhüttend – zeitweilig eine der größten Eisenhütten des ganzen Gebiets. Traidendorf und Dietldorf gehörten den Tänzl v. Tratzberg, einer seit 1655 in der Oberpfalz ansässigen Seitenlinie des angesehenen Tiroler Silbergewerken-Geschlechts. Mit dem bei Schwaz gelegenen Stammschloß Tratzberg, dem nach Ambras wohl großartigsten Schloßbau Nordtirols, können die beiden Oberpfälzer Schlösser freilich nicht im entferntesten konkurrieren. Vor allem das 1684 entstandene Traidendorf ist ein recht einfacher, zweigeschossiger Bau mit dreigeschossigem Mitteltrakt, ausgezeichnet nur durch die Marienfigur über dem Portal und die z. T. erhaltenen Stuckdecken des Barock. In Dietldorf wird jedoch etwas spürbar von der Weltläufigkeit dieses alten, einflußreichen Geschlechts. Friedrich Eberhard Freiherr Tänzl v. Tratzberg brachte sich den Baumeister für sein im Jahr 1700 entstehendes Schloß von einer italienischen Reise mit. So entstand ein für die Oberpfalz völlig ungewöhnlicher Bau, dessen architektonische Klarheit eher an eine Villa im Brentatal denken läßt, als an einen Oberpfälzer Landedelsitz.

Auch Holzhammer und Theuern, die beiden anderen gut erhaltenen Hammerhäuser des 18. Jahrhunderts, gehörten, wenigstens zeitweilig, besonders angesehenen Hammermeisterfamilien.

Holzhammer, das für über 500 Jahre als Mittelpunkt der Eisenindustrie in der mittleren Oberpfalz gelten kann, wurde 1366 von Friedrich Castner gegründet, dessen weit verzweigte Familie jahrhundertelang an der Spitze des Oberpfälzer Berg- und Hüttenwesens stand. Die vor allem auch im Bergbau stark engagierte Familie – sie beschäftigte bis zu 500 Bergknappen – gehörte in Amberg zu den ersten der Geschlechter. Das in Holzhammer im 18. Jahrhundert entstehende neue Herrenhaus ist ein bei aller Schlichtheit durch die Wohlabgewogenheit der Proportionen beeindruckender Schloßbau.

Theuern war von 1518 bzw. 1526 an, als Peter Portner zum Hammer auch noch das Landsassengut erwarb, Hauptsitz der Portner, einer der einflußreichsten

Hammermeisterfamilien des Landes. Auch nach der Vertreibung der Familie im Zuge der Gegenreformation blieb die Eisenhütte Theuern von Bedeutung, 1832 betrieb sie sogar einen Hochofen. Das 1781 entstandene Barockschlößchen ist ein besonders stattlicher, dabei heiterer dreigeschossiger Bau mit Mansardendach. Die nach Osten orientierte Fassade wird durch einen leicht ausspringenden Mittelrisalit mit Dreieckgiebel gegliedert, das verhältnismäßig einfache Portal durch einen geschweiften Giebel ausgezeichnet.

Schon im 18. Jahrhundert ist die Zahl der neu entstehenden Hammerschlößchen gering gegenüber der Vielzahl der vor dem Dreißigjährigen Krieg überall im Land erbauten Hammerhäuser, von denen keinesfalls alle erhalten sind. Nach 1800 aber entstanden nur mehr zwei Hammerhäuser: der zweigeschossige Bau des 1808 errichteten Herrenhauses in Neuenhammer a. d. Zott mit einem von Säulen getragenen überkuppelten Erker über dem Eingang, und das klassizistische Schlößchen in Trevesenhammer (1827). Die Zeit der kleinen, einst so wichtigen Eisenhütten- und Hammerwerke war zu Ende. 1851 wurde die Maximilianshütte, 1883 die Luitpoldhütte gegründet: auch für die Oberpfälzer Eisenindustrie begann die neue Zeit.

Der stattliche Bau des Schlößchens Troschelhammer mit dem originellen Renaissance-Erker über dem Eingang läßt noch heute etwas ahnen von der Bedeutung dieses einistigen Hammersitzes.   ▷

Baumeister und Künstler

Ausgeprägter als im übrigen bayerischen Raum ist in der Oberpfalz die Eigenständigkeit der von der Mitte des 16. Jahrhunderts bis ins 19. Jahrhundert entstehenden Schloßbauten. Fast durchweg waren einheimische Meister am Werk, häufig sind nicht einmal ihre Namen überliefert. Das gilt in ganz besonderem Maß für die Vielzahl der kleinen Landedelsitze und Hammerhäuser, doch sind z. B. selbst bei einem so reich ausgestatteten Schloß wie Schönach weder der Baumeister noch die Stukkateure und Maler bekannt.

Am ehesten wissen wir über die Architekten und Baumeister Bescheid, die bei den größeren Schloßbauten tätig waren. So berief Pfalzgraf Friedrich II. für den Bau seines Neumarkter Schlosses den Eichstätter Erhard Reich, der in den Akten als »fürstlicher paumeister« geführt wird. In Vohenstrauß leitete der Burglengenfelder Baumeister Leonhart Greineisen den Bau, wobei er mit Einverständnis des Bauherrn die Maurerarbeiten dem »Hanß Reicholt, Bürger und Maurermeister zur Statt Weiden, das groß hauptgebey vom grundt heraus verdingt, alleß was ein maurer an solchen gebey thun kann, allerdings, wie die gemachte vissirung in sich heldt . . .«. In Neueglofsheim war der Straubinger Stadtmaurermeister Kaspar Pielmayr tätig und den Bau der Waldsassener Sommerresidenz übernahm Philipp Muttone, ein Laienbruder des Klosters.

Die kurpfälzischen Fürsten beschäftigten als erste auswärtige Meister. So waren an den kurpfälzischen Schlössern Amberg und Sulzbach neben Einheimischen auch Fremde tätig: in Amberg der aus Baden stammende Joh. Schoch, der am Friedrichsbau des Heidelberger Schlosses die wohl glänzendste Schaufassade der ausgehenden deutschen Renaissance schuf; in Sulzbach neben dem Sulzbacher Bau- und Bergherrn Adam Schwarz, einem »fürnehmen weltverständigen mann, so grosse gebäu geführt«, der Baumeister des Pfalz-Neuburgischen Herzogs Wolfgang Wilhelm: Sigmund Doctor, der Schöpfer der Neuburger Hofkirche.

Die Fürsten Lobkowitz zogen für ihren als großzügige Dreiflügelanlage geplanten Schloßbau in Neustadt a. d. Waldnaab ebenfalls keinen einheimischen Baumeister heran. Sie beriefen den in Böhmen mehrfach für das Haus Lobkowitz tätigen Antonio della Porta, von dem auch die Schlösser in Raudnitz, in Lobkowitz und Bilin, in Sagan und Libochovic stammen. Für die im Münchner Hofdienst zu Rang und Namen Gekommenen aber lag es wohl nahe, Architekten, die in München besonderes Ansehen genossen, für den Bau ihrer Landschlösser einzusetzen. So beauftragte Graf v. Tilly mit dem Bau des 1699–1707 entstehenden Schlosses in Helfenberg – 1807 vom Staat auf Abbruch verkauft! – den damaligen kurfürstlich bayerischen Hofbaumeister Giovanni Antonio Viscardi, der im deutschen Kirchenbau die italienische Zentralform einführte und der in der Oberpfalz auch die Wallfahrtskirche in Freystadt schuf. Gut 50 Jahre später ließ sich Joseph Franz Graf v. Seinsheim sein Sünchinger Wasserschloß ebenfalls von einem Münchner Hofbaumeister, von L. M. Gießl, verändern. Abgewandelt, verarbeitet wurden in der Oberpfalz in der Renaissance wie im Barock vor allem italienische Anregungen. Erst in den um 1800 entstehenden Regensburger Stadtpalais, die J. Sorg, Joh. Bapt. Métivier und vor allem der in Paris geschulte Portugiese Emanuel d'Herigoyen errichteten, wurden im Zuge des einsetzenden Klassizismus in der strengen, zurückhaltenden Eleganz dieser Bauten auch französische Einflüsse in stärkerem Maß spürbar.

Bei den am Schloßbau beteiligten Bildhauern, Stukkateuren und Malern sind die Verhältnisse ähnlich, nur sind hier aus vorbarocker Zeit überhaupt kaum Namen greifbar. Auch die dringend einer sachgemäßen Restaurierung bedürftigen Fresken im Oberen Schloß zu Schmidmühlen, um 1600 entstanden und zu den wichtigsten Resten der Renaissancemalerei Bayerns gehörend, stammen von einem unbekannten Maler. Selbst von den frühen Stukkaturen in den Fürstenzimmern von Schloß Wörth und im Kaisersaal von Alteglofsheim kann nur angenommen werden, daß in Wörth Wessobrunner Meister arbeiteten, während die stark plastische, zum Teil hinterschnittene Dekoration in Alteglofsheim eher an italienische Künstler, vielleicht an die gleichzeitig in Passau tätigen Giov. Batt. Carlone und Paolo d'Aglio denken läßt. Sicher ist nur, daß die Malereien in beiden Fällen von dem Regensburger Jacob Heybel (= Heibel) stammen. Bekannt sind auch die an der Ausstattung von Schloß Helfenberg Beteiligten: Hans Georg Asam, Vater der Brüder Cosmas Damian und Egid Quirin, fertigte die Malereien, die »hervorragende Thaten der biblischen und der Weltgeschichte, Sujets aus der griechischen Mythologie« zeigen; G. N. Perti den Stuck. Wirklich umfassend sind wir eigentlich nur über die in Alteglofsheim und Sünching tätigen Künstler unterrichtet. In beiden Fällen war unter der Leitung Joseph Effners bzw. François Cuvilliés d. Ä. die Elite der bayerischen Hofkünstler des Rokoko tätig. In Alteglofsheim arbeiteten an der Seite Effners und Cuvilliés Charles Dubut und Joh. Bapt. Zimmermann als Stukkateure, Nikolaus Stuber als Maler; in Sünching zusammen mit Cuvilliés F. X. Feichtmayr (Stukkateur), Matthäus Günther (Maler) und der aus der Oberpfalz stammende, zu den größten Meistern des Rokoko gehörende Ignaz Günther (Bildhauer). Hier wie dort entstanden glanzvolle Beispiele des bayerischen Rokoko, dieser unter Effner und Cuvilliés zur Vollendung gebrachten Verbindung von Pariser Leichtigkeit und Eleganz mit der Fülle und Körperhaftigkeit des deutschen Barock. Die einzige überkommene profane Raumschöpfung C. D. Asams, der Ovalsaal in Alteglofsheim, steht diesen großartigen Innenausstattungen kongenial zur Seite.

Alteglofsheim und Sünching wurden so zu jenen beiden Schloßbauten, die, obwohl für die Oberpfalz keineswegs typisch, doch am reinsten eine der wichtigsten Funktionen des Schloßbaues verkörpern: durch Größe und Reichtum beizutragen zum Ruhm und Glanz des Besitzers.

Adel und adeliges Leben

Der Adel, der im Mittelalter Träger des Burgenbaues war, blieb auch für den Schloßbau der wesentlichste Auftraggeber. Allerdings kam es vom ausgehenden 14. Jahrhundert an zu einschneidenden Ereignissen, die die Bedeutung des Adels, vor allem der Ritterschaft, veränderten. Die Umstellung von der reinen Natural- auf die Geldwirtschaft, der gleichzeitige Preisverfall von Agrarprodukten, förderte das Emporkommen der handeltreibenden Bürger und brachte dem landsässigen Adel schwere Einbußen. Neue Kampfmethoden, die Verwendung der Feuerwaffen, vor allem der Einsatz der Söldnerheere, entwerteten das Aufgebot der durch die Ritterschaft gestellten Lehensleute. Der sich zunehmend durchsetzende Absolutismus beschränkte mit der neuen Territorialverwaltung durch eine gelehrte, zum Teil bürgerliche Beamtenschaft die Selbstherrlichkeit des Adels, besonders des Landadels. Gerade das Fehlen wirklicher Aufgaben führte im 15./16. Jahrhundert zu Auswüchsen, wie sie Reinhard Graf zu Solms, Feldmarschall Kaiser Karls V., schildert: »... bei dem jungen Adel keine andere Übung, denn bis in den hohen Mittag schlafen, die andere Hälfte des Tages müßig Schlink-schlanken und mit dem Frauenzimmer alfanzen oder mit den Hunden spielen und die halbe Nacht darauf saufen, darnach alle Gedanken nur auf wälsche neue närrische Kleidung und Tracht legen.« Müßiggang, Völlerei,

Reiten, Jagen und Turnieren, Maskeraden und Feste feiern waren zeitweilig alleiniger Lebensinhalt zahlreicher Adeliger, unter deren Exzessen die zu immer neuen Abgaben erpreßten Bauern am meisten litten, denn »Auf die Wolle sieht man wohl, aber auf die Wohlfahrt der Schafe achtet niemand«. (Sebastian Frank, 1499–1542)

Erst von der 2. Hälfte des 16. Jahrhunderts an tritt allmählich ein Wandel ein. Ein neues Weltbild hatte sich durchgesetzt, gewachsen aus der aus Italien kommenden Hinwendung zur Antike, gefördert durch die, den Horizont weitenden, geographischen und wissenschaftlichen Entdeckungen (Kolumbus, Kopernikus, Gutenberg usw.). Das Idealbild des ritterlichen Adeligen, dessen wichtigste Eigenschaften, das Maßhalten, die Treue, damit auch Demut und Selbstverleugnung, für die nur im gemeinschaftlichen Handeln zu bewältigenden Aufgaben des Mittelalters von größter Wichtigkeit waren, verliert an Bedeutung. Es wird abgelöst durch den »Cortegiano«, den vornehmen, allseitig gebildeten Einzelnen, wie ihn der Italiener Graf Baldassare Castiglione in seinem Buch über die Kunst der Lebensführung des noblen Herrenmenschen 1528 schildert. Macht- und Geltungsstreben werden Mittelpunkt dieses stolzen, von unbändigem Selbstgefühl geprägten Daseins, geistiger und sinnlicher Genuß Ziel eines kultivierten Lebens, Frau Venus tritt an die Stelle der ritterlichen Minne. Zu höfischer Bildung gehörten nun nicht mehr, wie in den Jahrzehnten vorher, nur Reiten, Jagen, Fechten und Tanzen. Wer auf sich hielt, war gereist, sprach fremde Sprachen, liebte Musik, hatte eine Vorliebe für exotische Tiere, für Bilder und Kuriositäten, für Bücher. Nicht wenige der heutigen Museen, Gemäldegalerien und Staatsbibliotheken haben ihren Ursprung in den frühen »Wunderkammern« und »Kuriositätenkabinetten«, in den ersten Büchersammlungen der damaligen Fürsten.

Mit den Bildungsbemühungen weiter Adelskreise, dem Wert, der der Erziehung wieder beigemessen wurde – die Söhne kamen als Pagen an einen Fürstenhof, die Töchter ins »Frauenzimmer« einer fürstlichen Dame –, nahm in der 2. Hälfte des 16. Jahrhunderts die gesellschaftliche Geltung wie die politische Funktion des Adels wieder zu. Nur wohl gebildete Edelleute genügten den Ansprüchen, die ein Fürst an seine Umgebung glaubte stellen zu müssen. Ihr Ansehen sollte die eigene Bedeutung zeigen und erhöhen. Mehr und mehr legten die Fürsten daher Wert darauf, Tag und Nacht von zahlreichen Adeligen, »Höflingen«, umgeben zu sein. Sie dienten genauso der Repräsentation wie die Pracht der Kleidung, für die Samt und Seide, die damals sehr kostbaren Reiher- und Kranichfedern, leuchtende Farben und reicher Schmuck bevorzugt wurden.

Auch die weitläufige Anlage des neuen Adelswohnsitzes, des Schlosses, diente mit der Vielzahl der vorhandenen Räume zum Teil der Befriedigung des Geltungsanspruchs des Bauherrn, war zum Teil aber auch in der Notwendigkeit begründet, häufig Besucher zu beherbergen, die nie ohne Troß und Gesinde zu reisen pflegten.

Die immer reicher werdende Innenausstattung mit ihren kostbaren, dunklen

Gastmahl, aus einer Blattfolge des Cornelius Teunissen, Mitte 16. Jh.

Ledertapeten, mit aus wertvollen Hölzern gearbeitetem Mobiliar, mit den seit dem 16. Jahrhundert bildnerisch reich gestalteten, farbig glasierten Kachelöfen, war der angemessene Hintergrund für die zahlreichen Festlichkeiten. Nicht nur die zu den selbstverständlichen Standesgepflogenheiten gehörende Gastfreundschaft war Anlaß zu immer neuen Gastlichkeiten, bei denen die Tafelmusik ebenso selbstverständlich war wie ein allgemeiner Luxus, sei es in der Wahl und Darbietung von Speisen und Getränken, sei es im Gebrauch besonders kostbarer Teller und Schüsseln, Gläser, Becher und Krüge oder der zu den großen Werken der Goldschmiedekunst gehörenden Tafelaufsätze. Hochzeiten, Geburten, Taufen, auch Leichenbegängnisse boten gerade den Fürsten Gelegenheit zu rauschenden Festen, zu Umzügen und Turnieren, die in der Zurschaustellung des Prunks von Kleidern, Pferden und Karossen gipfelten. Die Kostbarkeit der Kleidung und der Geschenke, die Dauer der Festlichkeiten, die Üppigkeit von Speisen und Getränken, die Zahl der Teilnehmer und ihres Gefolges wurden zum Maßstab für Ansehen und Macht des Gastgebers. Gerade unter den zwischen 1550 und 1597 regierenden bayerischen Herzögen Albrecht V. und Wilhelm V. glich das Hofleben einer ständigen Folge von Festen, kam es zum Ausbau der Residenzen in Landshut und München, zur Anlage kostbarer Sammlungen von Kunstwerken, naturwissenschaftlichen Besonderheiten und Büchern, zu einem Hofstaat, der auch eine Vielzahl von Künstlern, von Musikern, Dichtern und Theaterleuten, von Malern, Bildhauern und Goldschmieden umfaßte; alles Dinge, die man glaubte, seiner »Authoritaet und Reputation« schuldig zu sein.

Kein Wunder, daß es bei derartigem Aufwand zu ständigen finanziellen Schwierigkeiten kam. Die Macht der aus den Vertretern des landsässigen Adels, der Bürger und der Geistlichkeit gebildeten Landstände, die als verfassungsmäßiges Gegengewicht der landesherrlichen Gewalt das Recht hatten, auf den Landtagen die Steuern zu bewilligen und gegen öffentliche Mißstände anzugehen, war längst nicht mehr ausreichend, um sich gegen die zur allgemeinen Verarmung führenden übertriebenen Ansprüche seitens der Landesherren zu wehren. Allein zwischen 1565 und 1593 mußten die Landstände mehr als 10 Millionen Gulden zur Tilgung landesherrlicher Schulden aufbringen. Und das zu einer Zeit, als ein Maurer oder Zimmermann 35 Pfennige Taglohn erhielt, als man für 46 Gulden 10 Kühe, 100 Schafe und 38 Lämmer, für 5¼ Gulden ein paar Schweine kaufen konnte, und als ein Haus mit Garten in einer der herzoglichen Landstädte für 40 Gulden zu haben war; zu einer Zeit, wo es hieß, das Volk müsse froh sein, wenn es das »aus Kleie und Baumrinde bereitete Brod« zur täglichen Nahrung habe!

So aufwendig wie am Münchner Hof dieser Zeit ging es zwar in der Kurpfalz, schon gar in der Oberpfalz, nicht zu. Aus dem Tagebuch des Stephan Speidl, des Gesandten, den die Landstände von Steiermark, Kärnten und Krain 1594 an den Reichstag zu Regensburg schickten, wissen wir, daß die Tagesarbeit der Fürsten, Räte und Diplomaten dort mit dem Morgengrauen begann. Zwischen 5 und 6 Uhr überreichte Speidl dem Kanzler das übliche Ehrengeschenk, und zu einer Audienz hatte man zwischen 4 und 5 Uhr früh zu erscheinen. Die Hofordnung der Pfalzgräfin Hedwig v. Sulzbach aus dem Jahr 1636 läßt auf ähnliche strenge Sitten schließen: je nach Jahreszeit wurde die »Frühzeit« von 5–6 Uhr, das »Frühmahl« von 10–11 Uhr, das »Nachtmahl« von 17–18 Uhr eingenommen. Das Gesinde, die Tafelsteher und Kammerjungen aßen eine Stunde vorher. Im Sommer wurden alle Türen des Schlosses um 21 Uhr, im Winter schon um 20 Uhr verschlossen.

Doch auch in der Kurpfalz, zumal am bevorzugten Regierungssitz Heidelberg, versuchte man, dem Idealbild des prächtigen, mäzenatischen Fürsten nahezukommen. Auch dort entstand ein so großartiger Bau wie der des Heidelberger

Schlosses, hörte man Klagen über den traurigen Zustand der Finanzen. Auch dort wurde die Hochzeit des Kurfürsten Friedrich V. mit der englischen Prinzessin Elisabeth 1613 zu einem Ereignis, das mit »Kunstfeuern zu Wasser und zu Land«, mit dichterischen und musikalischen Darbietungen, mit »Turnieren, Ringelrennen, Freirennen, Tänzen, kurzweiligen Mummereien und allerlei lustigen Aufzügen« zu wochenlangen Feiern führte.

Der Dreißigjährige Krieg brachte eine Zäsur, die sich auch auf das Leben des Adels auswirkte. Zu groß war der allgemeine wirtschaftliche Niedergang, zu groß auch der Verlust an Menschen. Der Fürst betrachtete sich nun, im gefestigten Absolutismus, nicht als Besitzer von Land und Leuten, sondern als Verwalter eines wichtigen Amtes: sein patriarchalisches Gottesgnadentum sieht im Herrschen die von Gott befohlene Betreuung der Untertanen. Zur Pflicht des Herrschenden gehört es nicht, politische Rechte abzutreten, da das Herrschen ja die eigentliche Aufgabe der Fürsten ist. Der Herrschende soll vielmehr nach Kräften die Not des Volkes mildern, es teilnehmen lassen an seinem Glanz.

Der in der Renaissance bestimmende Einfluß Italiens wird im Barock abgelöst durch das Vorbild des Pariser Hofes. Noch wichtiger als in der Renaissance wird die allgemeine Bildung: französisch wird zur Sprache der gehobenen Schichten, die Manieren »höflich«. Trotzdem ist die Kultur des Barock in gewisser Weise eine Weiterführung und Verfeinerung der schon in der Renaissance angestrebten Ideale, eine Weiterführung, die schließlich in theatralischer Übersteigerung, im Rokoko, gipfelt.

Ungebrochen, ja noch gesteigert, ist die Freude an Festlichkeiten. Durchdachter als in der Renaissance, häufig voll mythologischer Bezüge, soll das Fest nicht nur das zum Gesamtkunstwerk stilisierte Ich des Fürsten repräsentieren. Es soll alle über die Niederungen des Lebens hinausheben, auch dem als Zuschauer willkommenen Volk das Gefühl vermitteln, dazu zu gehören. So kümmerte sich der wahre Barockfürst selbst um die Gestaltung eines als Staatsakt empfundenen Festes, genauso wie um den Bau und die Einrichtung seines Schlosses und des unabdingbar dazu gehörenden, architektonisch gestalteten Gartens. Glanzvoller, heiterer als in der Renaissance werden nun die Innenräume, ausgestattet mit kostbaren Stoffbespannungen, mit zum Teil vergoldeten Schnitzereien, mit Stuck und Malereien, mit zahllosen Spiegeln, Wand- und Kronleuchtern aus Fayence und Kristall und prachtvollem Mobiliar. Die Kleidung wird bauschig, verwendet eine Fülle kostbaren Stoffs, selbst bei Kavalieren ist sie reich bestickt. Unter den viel getragenen Preziosen wird der geschliffene Diamant ständig beliebter. Gepuderte Perücken waren für Damen und Herren üblich.

Bei den Mahlzeiten, zumal bei Festlichkeiten, wird immer stärker Wert auf eine schöne Tafel gelegt. Das Geschirr ist aus Silber (nur manchmal aus Gold), für den Nachtisch werden Fayencen und Glas üblich. Bei langen Essen werden Tischtuch (meist feinstes Leinen) und Besteck gewechselt. Auf Banketten prunkt man mit kunstvollen Schaugerichten, die zum Teil eßbar aus Zucker, Teig oder Butter bereitet werden, zum Teil aber auch nur der reinen Augenweide dienen. Die

Festmahl im Garten, Federzeichnung von H. F. Schorer, 1620.

Speisen sind stark gewürzt. Sehr beliebt sind – wie übrigens die Jagd noch immer zu den großen Vergnügungen des Adels gehört – Wild und Geflügel, aber auch Schnecken, Krebse, Austern. Häufig werden Pasteten oder auch Ragouts nach französischer Art gereicht. Sehr geschätzt werden südländische Früchte, Marzipan, kandierte Früchte, Konfekt, an Getränken neben dem Wein der durch Mazarin eingeführte Tee, der seit der türkischen Belagerung Wiens beliebte Kaffee und die seit 1657 in Europa bekannte Schokolade. Das noch in der Renaissance durchaus übliche hemmungslose Trinken gilt nicht mehr als fein.
Undenkbar aber ist das höfische Leben des Barock ohne Musik und Theater. Selbst die zurückgezogen lebende, verwitwete Pfalzgräfin Franziska Dorothea ließ sich 1781 in ihrer Sulzbacher Residenz noch ein neues Theater einrichten. Die Oper schließlich wird in dem notwendigen Zusammenspiel aller Künste zum Gipfel des höfischen Festes, zur rauschenden Verkörperung barocken Lebensgefühls.
Das glanzvolle Leben an den Fürstenhöfen wäre nicht möglich gewesen ohne die Hofaristokratie. Sie übernahm die zur Erhaltung des Staates notwendigen Pflichten, sie stellte die Diplomaten, die Verwaltungsbeamten und Offiziere. Sie

versuchte aber auch genauso wie die Adeligen draußen auf ihren ländlichen Besitzungen, es den Fürsten gleich zu tun an Aufwand und Pracht und trug so wieder bei zum Ansehen des über allen stehenden Herrschers.

Dabei wurden die Grenzen, die den Adel vom Bürger trennten, zunehmend durchlässiger. Schon immer versuchten reiche Handelsherren in die Aristokratie einzudringen, erwarben ein Gut, adelige Titel und Wappen, Würden und Vorrechte. Die Einschätzung des Handels als eines wahren Adeligen unwürdig, stand der Anerkennung eigentlich im Wege. Bei der ständigen Geldnot der Fürsten war jedoch Geld eine zu große Macht, als daß der Aufstieg nicht möglich gewesen wäre. Man denke in der Oberpfalz nur an die so zahlreich geadelten Hammerherren. Gerade im Absolutismus konnten aber auch Bürgerliche, wenn sie sich als Beamte oder Offiziere bewährten, durch Erlaß der Fürsten in den Adelsstand erhoben werden.

Die französische Revolution brachte die erste Erschütterung des – wie es schien – so fest gefügten Weltbildes. Sie leitete Veränderungen ein, die auch für den Adel schließlich »la douceur de vivre«, wie Talleyrand sagte, beendete. Aus dem von Geburt an über die Masse erhobenen Adeligen wurde nach der Mediatisierung der zunächst noch privilegierte Standesherr, den man 1848 auch seiner vor allem die niedere Gerichtsbarkeit und die Polizeigewalt umfassenden Sonderrechte beraubte. Der noch gewahrte gesellschaftliche Vorrang, der dem Adel auch weiterhin führende Stellungen in der Verwaltungs- und Offizierslaufbahn des bayerischen Königreichs einräumte, wurde rechtlich 1918 mit der Aufhebung der Monarchie abgeschafft.

Das Ende des Schloßbaues in der Oberpfalz

Die seit der französischen Revolution sich mehr und mehr durchsetzende neue Gesellschaftsordnung mußte den Elan brechen, mit dem der Adel den Bau und die Ausstattung seiner Schlösser betrieben hatte. Nur vereinzelt kam es danach zu Neubauten. Das allgemeine Unverständnis gegenüber der zu Ende gehenden Epoche, die zunehmende politische und moralische Ablehnung förderten gleichzeitig eine Einstellung, die an den Schlössern als sichtbaren Zeugnissen des nun voll Ressentiments betrachteten adeligen Lebens nicht spurlos vorübergehen konnte. Die neue Zeit gefährdete mit dem Adel, dem zunehmend die traditionellen und wirtschaftlichen Grundlagen entzogen wurden, auch den angestammten Wohnsitz dieses Standes: das Schloß als Bauwerk.

Hatte schon die Eingliederung der Oberpfalz in den Staat der Wittelsbacher für die kurpfälzischen Residenzen nachteilige Folgen, so begann 1806 mit der Mediatisierung der bis dahin reichsunmittelbaren Herrschaften endgültig ein Prozeß, der eine Vielzahl von Schlössern in der Oberpfalz ihrer angestammten Funktion beraubte und damit zu dem baulichen Substanzverlust beitrug, der auch heute noch nicht beendet ist.

Selbst wenn das Schicksal Helfenbergs, das 1807 vom Staat auf Abbruch verkauft wurde, zu den Ausnahmen gehört, so bedeutete doch die Einrichtung von Amtsräumen wie in Amberg oder Vohenstrauß, genauso wie die Verwendung für Fabriken (Neumarkt) oder gar Strafanstalten (Sulzbach) zumindest den Verlust der ursprünglichen Ausstattung.

Der Landadel aber war gezwungen, sich mehr und mehr von seinem Besitz zu trennen. Nur etwa ein Drittel der 110 in diesem Buch aufgeführten Schloßbauten der Oberpfalz (vgl. S. 113ff.) ist z. Z. in adeligem Besitz. Betrachtet man sämtliche noch bestehende, wenn auch zum Teil in extrem schlechtem oder völlig verändertem Zustand befindliche Bauten, so ist das Verhältnis noch wesentlich ungünstiger: etwa ein Fünftel dürfte dann noch in Händen Adeliger sein. Dabei ist der Bestand dieser, wie der als bürgerlicher Wohnsitz dienenden Schlösser, am gesichertsten. Führt beim Adel schon der angestammte Familiensinn vielfach dazu, Bausubstanz und Ausstattung zu bewahren, so entwickelten auch die Bürgerlichen zum Teil ein für das Bestehende günstiges Gefühl für Tradition. Immer erfordert die Erhaltung der für heutige Bedürfnisse meist viel zu großen Bauten erhebliche finanzielle Anstrengungen und viel Idealismus seitens ihrer Besitzer.

Die Oberpfälzer Burgen und Schlösser in unserer Zeit

Überblickt man den Gesamtbestand der Oberpfälzer Schloßbauten, so muß leider festgestellt werden, daß zahlreiche Verluste unserem Jahrhundert, ja noch der Zeit nach 1945 angelastet werden müssen. Nicht nur die in den Truppenübungsplätzen gelegenen Landschlösser und Hammerhäuser (wie Altenweiher, Kirchenödenhart, Hellziechen, Lutzmannstein, Stegenthumbach) gingen verloren. Auch im übrigen Land wurden Schlösser abgerissen (wie Raitenbuch, Hillstett, Premeischl, Fischbach), verstümmelt, dem Verfall preisgegeben oder in einer Form modernisiert, die den alten Bestand vergewaltigt, wenn nicht zerstört. Sind die zahlreichen zu Mietwohnungen aufgeteilten Schlösser (z. B. Dechantsees, Gebelkofen, Pirkensee, Schönberg) häufig zwar ziemlich vernachlässigt, so bewahren sie doch in der Regel wenigstens den baulichen Bestand und könnten renoviert werden. Die beachtlich große Zahl der in Händen von Bauern befindlichen ehem. Oberpfälzer Schlösser aber ist mit wenigen Ausnahmen in so desolatem Zustand, daß nur fünf in die alphabetische Zusammenstellung dieses Buches aufgenommen werden konnten.

Auch heute ist die noch immer verbreitete Beurteilung eines Bauwerks nur nach der Nützlichkeit oder auch der Modernität, das Fehlen jeglichen Verständnisses für die tiefere Notwendigkeit der Schönheit, ebenso wie für die so ganz anders geartete, geistige und künstlerische Ansprüche stellende Kultur des Adels in Renaissance und Barock, der Erhaltung einer nicht nur praktischen Gesichtspunkten dienenden Architektur wenig förderlich. Noch heute werden Fassaden verändert, kostbare Kachelöfen abgetragen, Wandmalereien überstrichen oder mit Tapeten überklebt.

Wie man aber im vorigen Jahrhundert während der Romantik mit ihrer Hinwendung zur Geschichte, ihrer Idealisierung des Rittertums und ihrer Ruinenpoesie begann, die Zeugnisse der mittelalterlichen Burgenbaukunst mit anderen Augen zu betrachten, so versuchen heute die Restauratoren vielfach auch bei den Schloßbauten frühere Sünden auszugleichen und die gröbsten, vielfach aus Unkenntnis unterlaufenden Fehler zu vermeiden. War es bei den Burgen der persönliche Einsatz einzelner, denen die Oberpfalz Bedeutendes verdankt, angefangen mit König Ludwig I., der den völligen Abbruch von Burglengenfeld im letzten Moment verhinderte, über den Amberger Bauamtsassessor Bernatz, der sich Leuchtenberg und Obermurach annahm, bis zu Bodo Ebhardt und Ernst Maier (Heimhof), v. d. Schulenburg (Falkenberg) und G. Rauchenberger (Wolfsegg), so sind es heute vor allem die Oberpfälzer Heimatpflege und das Bayerische Landesamt für Denkmalpflege, die sich bemühen, einen Wandel der

Die aus dem 14. Jh. stammende Burg Wolfsegg gehört zu den wenigen wiederhergestellten und mit Führung zugänglichen Burgen der Oberpfalz.

110

allgemeinen Einstellung herbeizuführen und vorhandene Ansätze zum Positiven mit Rat und Tat zu unterstützen.

Durch eine neue, angemessene oder doch vertretbare Verwendung, sei es als Museum (Theuern), als Teil einer Universität (Alteglofsheim), als Rathaus (Barbing, Schmidmühlen Oberes Schloß), als Sitz von Ämtern (Amberg, Neumarkt), als Schloßgasthof oder -hotel (Blaibach, Kröblitz, Laufenthal), als Krankenhaus oder Wohnheim (Eggmühl, Regendorf, Zandt) gelingt es, wenigstens einige Schloßbauten wieder sinnvoll zu machen als lebendig genutzte Architektur.

Das neue bayerische Denkmalschutzgesetz berechtigt zu Hoffnungen ebenso wie die als Reaktion auf die weithin als steril empfundene Nüchternheit moderner Beton- und Glasarchitektur einsetzende Besinnung auf die Schönheit und Harmonie der Baukunst vergangener Zeiten.

Es bleibt die Notwendigkeit schützender Aufmerksamkeit, soll wenigstens ein Rest jener reichen Bausubstanz erhalten werden, die gerade in der Oberpfalz nie ihr menschliches Maß verlor. Es begegnet uns in ihren Residenzen, den Landschlößchen und Hammerhäusern, aber auch in den Burgen, deren strenge Schönheit, verwachsen mit der Herbheit der Landschaft, aus der vollkommenen Erfüllung des Zweckmäßigen, aber auch aus der vollendeten Anpassung an die Gegebenheiten erwuchs.

Die bedeutendsten Burgen und Schlösser der Oberpfalz – ein Lexikon

Bei den hier aufgeführten Burgställen, Ruinen, Burgen, Residenzen, Landschlössern und Hammerhäusern handelt es sich um eine Auswahl. Sie liegen alle im Gebiet der heutigen Oberpfalz.

Sämtliche Objekte sind auf der beigegebenen Übersichtskarte (S. 169) durch entsprechende Symbole kenntlich gemacht.

Die Marginalien verweisen auf das jeweilige Planquadrat der Karte.

B 4 Adelburg (Parsberg)   Ruine; Anlage des 12. Jh.s; erhalten nur Teile der Ummauerung auf bewaldeter Hügelkuppe; erster urkundlich auftauchender Besitzer ist Engilhard von Adelenburc (um 1180), Ministeriale der Grafen von Cham und Vohburg; mehrfach wechselnder Besitz; zeitweilig hohenstaufisch; um die Mitte des 15. Jh.s Sitz bayer. Pfleger; 1505 als »zerbrochene alte Burg« an das Herzogtum Pfalz-Neuburg; seit 1584 endgültige Ruine.

C 4 Adlmannstein (Bernhardswald)   Ruine; die bestehenden geringen Reste (Grundmauer des Berings und der halbrunden Zwingertürme) von einem Bau des späten 16., frühen 17. Jh.s; um 1350 als Besitz der Herren v. Steinach erstmals erwähnt; ab 1394 mehrfach wechselnder Besitz; seit dem Dreißigjährigen Krieg Ruine.

Schloß Alteglofsheim, Stich von Michael Wening, 1726

Alteglofsheim Mittelalterl. Burg, ehem. Schloß; von der Mitte des 12. bis zur C 5
2. H. des 14. Jh.s Sitz der Eglofsheimer, eines Ministerialengeschlechts des
Hochstifts Regensburg; von da an häufig in wechselnden Händen; ab 1659
Eigentum der 1685 in den Grafenstand erhobenen Freiherrn v. Königsfeld;
durchgreifender Umbau der mittelalterl. Anlage ab 1680 unter Hans Georg
v. Königsfeld; erhalten nur spätgotische Mauerreste im Südflügel und der im
Inneren veränderte ehem. Bergfried; unter Johann Georg v. Königsfeld, der am
kurfürstlichen Hof in München bedeutende Positionen bekleidete und unter
Kaiser Karl VII. Reichsvizekanzler war, 1730 Anbau des Westflügels mit Festsaal; im Äußeren wenig aufwendig; bedeutende, glanzvolle Innenausstattung
u. a. nach Entwürfen von J. Effner und unter Mitwirkung von Fr. Cuvilliés,
Nikolaus Stuber, Ch. Dubut, Fr. Snyders, Jan Weenix und C. D. Asam; wichtigste Räume: Kaisersaal, kraftvoller Spätbarock um 1680; ovaler Mittelsaal, frühes
Rokoko um 1730 mit großartigem Deckengemälde von C. D. Asam »Der Tag«;
1810 an die Freiherrn v. Cetto; 1835–1938 Besitz der Fürsten v. Thurn u. Taxis;
jetzt Eigentum der Universität Regensburg; umfassende Restaurierung 1986
abgeschlossen. (Abb. S. 87)

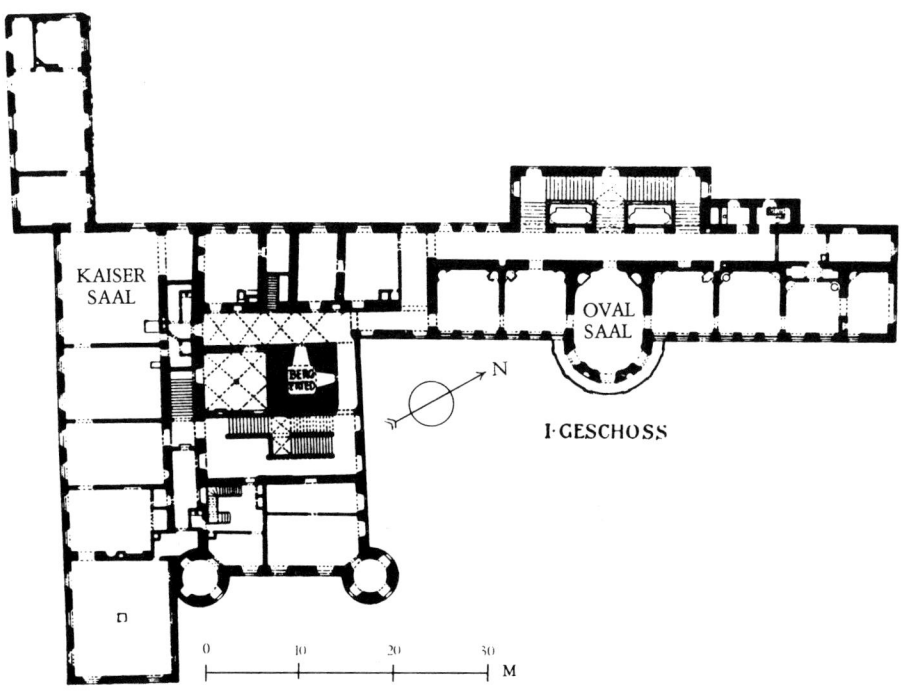

Altenschneeberg (Winklarn) Burgstall in aussichtsreicher Lage; 1237 auftau- D 3
chend; von etwa 1400 bis 1508 (bereits Ruine) Eigentum der Zenger, von denen
der »Wilde Hans« Gegenstand zahlreicher Sagen wurde.

D 4 **Altrandsberg** (südwestl. Kötzting)   Ehem. Schloß; im 12. Jh. durch die Ramsperger gegründet, einem bis ins 15. Jh. nachweisbaren Ministerialengeschlecht der Grafen v. Bogen und des Hochstifts Passau; 1550 bis um 1620 Eigentum der Nothaft; landschaftlich reizvoll gelegene Vierflügelanlage mit trapezförmigem Innenhof, z. T. erhaltenen Rundbogenarkaden im Erdgeschoß und Galerie mit Holzbalustrade im Obergeschoß; ältere Mauerreste, im übrigen Wende 16. zum 17. Jh.; Inneres verändert; bis 1973 Schule, jetzt Wohnungen; Schloßkapelle im Südflügel mit Altären des frühen Rokoko um 1740, derzeit Sicherungsmaßnahmen.

B 3 **Amberg**   Ehem. Pfalzgrafenschloß; vom ältesten Pfalzgrafensitz Ambergs auf dem westlichen Vilsufer (Amberg war bereits 1335 Verwaltungsmittelpunkt der Pfälzer Lande auf dem Nordgau) mit seinen vielfältigen, im Zug des Straßennetzes noch gut erkennbaren Bauteilen nur 2 Gebäude erhalten: das sog. »vordere Steinhaus«, auch »Alte Veste«, des »gnädigen Herrn Haus« oder »Aichenforst« genannt, und das »hintere Steinhaus«, auch als »Engelsburg« oder »Klösterl« bezeichnet. Der in den letzten Jahren vorbildlich restaurierte dreigeschossige Bau des »vorderen Steinhauses« mit seinem hohen Walmdach reicht im Kern bis ins 13. Jh. zurück und bewahrt wegen der zahlreichen Umbauten und Veränderungen Bauelemente aus der Zeit der Romanik bis zum Klassizismus. Das Gcbäude, das nach 1484 als kurfürstl. Marstall diente und zeitweilig Wohnsitz kurfürstl. Beamter war, kam 1784 in Privatbesitz und gehört jetzt der Stadt Amberg.

Der zweite erhaltene, auch als »der gnädigen Frauen Haus« bezeichnete Bau am Ufer der Vils war nach 1410 Witwensitz Elisabeths, der Gemahlin König

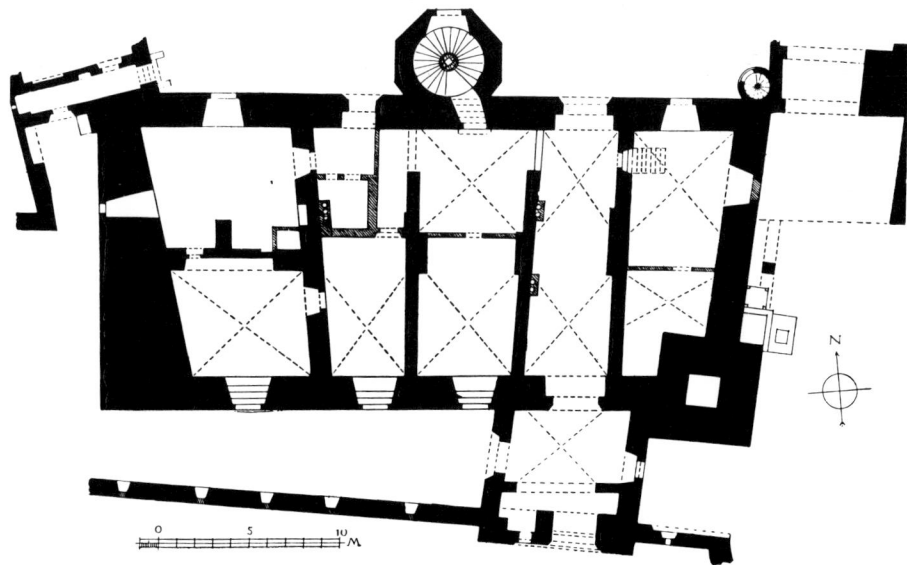

115

Ruprechts; später Lehen verschiedener Adeliger, nach 1839 Niederlassung der Armen Schulschwestern. Der schöne, zweigeschossige Bau mit dem hohen Treppengiebel und dem reizvollen Chörlein wurde zwischen 1296 und 1315 errichtet und mehrfach verändert; interessant die ehem. Hauskapelle mit fünfseitigem, eingezogenem Altarerker (= Chörlein), z. T. verziertem, freihängendem Rippenwerk (spätes 14. Jh.) und Glasgemälden aus der 1. H. des 15. Jh.s; Heimatmuseum der Stadt Amberg: Vor- u. Frühgeschichte, Volkskunst, Handwerk, Amberger Fayencen. (Abb. S. 66)

Ehem. kurfürstl. Schloß: Baubeginn 1417; bis 1628 Residenz des Kurprinzen als Statthalter der Oberen Pfalz; zunächst ohne Befestigung errichtet; nach dem Aufstand der Amberger Bürger vor allem unter Friedrich I. (1445–76) in eine wehrhafte, von Wall und Graben umgebene Vierflügelanlage mit Hofgarten und doppelgeschossigem Sommerhaus umgewandelt; 1602–03 durchgreifende Erneuerung unter Leitung des Heidelbergers Joh. Schoch; von der umfangreichen Anlage nur mehr der unter ihm errichtete dreigeschossige Südtrakt mit Volutengiebeln, polygonalem Treppenhaus und Torbau (Balustrade 18. Jh.) erhalten; daneben der sog. Fuchssteiner, der stärkste, gegen die Stadt gerichtete Turm der ehem. Befestigung; von der ursprünglich guten Ausstattung nur die Einrichtung der Kapelle bewahrt.

Ammerthal (Amberg)   s. Oberammerthal   B 3

Barbing (östl. Regensburg)   Ehem. Schloß; Mitte des 12. Jh.s tauchen »Edle   C 5
v. Barbing« auf, deren Feste 1344 erwähnt wird; zeitweilig Eigentum des Hochstifts Regensburg; jetzt Rathaus; dreigeschossiger Bau mit Walmdach und einfachem Portal aus der 1. Hälfte des 18. Jh.s; den jetzigen Erfordernissen entsprechend z. T. modernisiert; Gewölbe im Erdgeschoß und Stuckdecken, z. T. mit ländlich-bukolischen Szenen, erhalten.

Beratzhausen   Ehem. Schloß; als »Berehardeshusen« 1025 erstmals urkundlich   B 4
auftauchendes Königsgut; das Schloß wahrscheinlich im 15. Jh. durch die Staufer zu Ehrenfels gegründet; 1567 an Herzog Wolfgang v. Pfalz-Neuburg verkauft; das im 16. Jh. errichtete Pflegschloß weitgehend verändert im Besitz der Gemeinde; verhältnismäßig gut erhalten nur der ehem. Zehntstadel mit hohen Giebeln und Allianzwappen Pfalz-Neuburg-Jülich am Tor, Instandsetzung geplant, Nutzung als »Haus des Gastes«; Reste der ehem. Ringmauer mit zwei Rundtürmen.

Blaibach (westl. Kötzting)   Ehem. Schloß; als erster Besitzer 1370 ein Götlinger   D 4
genannt; von 1579–1829 mit kurzer Unterbrechung Eigentum der Nothaft, von denen Wolf Albrecht 1604 die noch bestehende viereckige Anlage errichtete: Wirtschaftsgebäude (wenig guter Zustand) und zweigeschossiger Wohnbau mit

hohem Satteldach und getreppten Giebeln umgeben einen weiträumigen Hof; jetzt Schloßgasthof; gewölbte Räume im Erdgeschoß z. T. erhalten.

C 4 **Bodenstein** (östl. Nittenau) Schloß; 1364 ein »Christan der Michelperger von dem Podemstain« urkundlich genannt; 1425 an die Nothaft; vom 16. Jh. an häufig wechselnde Besitzer; über dem Regental gelegener einfacher dreigeschossiger Bau mit kleinem Innenhof; renoviert.

B 4 **Breitenbrunn** (nördl. Dietfurt) Sog. Tilly-Schlösser; um 1120 erstmals Herren v. Breitenbrunn genannt, deren Burg auf der südwestl. Anhöhe über dem jetzigen Ort lag; verlor schon im 13. Jh. gegenüber der nördlicher gelegenen Burg Breitenegg an Bedeutung; 1433 an den bayerischen Erbmarschall Heinrich v. Gumppenberg, der »Praytteneckh« zusammen mit dem Markt »Praitenbrun« kaufte; 1611 die gesamte Herrschaft durch Herzog Maximilian I. erworben, der sie 1624 Tserklaes Graf v. Tilly schenkte; Maria Anna Katharina Gräfin v. Montfort, geb. Tilly, erbaute um 1733 vor dem Markt ein Schlößchen: zweigeschossig, mit fünf Fensterachsen und Walmdach, durch Pilaster ausgezeichnetem Portal und Figurennische (Maria mit Kind) im Giebel; Ignaz Joseph Freiherr v. Gumppenberg, der 1744 die Herrschaft erbte, errichtete 1746 neben dem bestehenden Schlößchen ein zweites, ähnliches (in der Figurennische Immaculata); jetzt privat, bzw. Schulverband der Gemeinde.

B 4 **Breitenegg** (nördl. Dietfurt) Ruine; Anlage des frühen 13. Jh.s; erhalten Teile der dem Rand des Bergplateaus folgenden Ringmauer (z. T. in landwirtschaftliche Anwesen einbezogen) und der untere Teil des aus Buckelquadern errichteten Bergfrieds; erster urkundlich gesicherter Besitzer Werner V. v. Laaber, dessen Familie die Burg bis 1465 mit Unterbrechungen besaß; zeitweilig Eigentum der Pappenheimer (15. Jh.), dann der Herzöge von Bayern; 1624 als Geschenk Maximilians I. an Graf v. Tilly, beginnender Verfall.

B 2 **Breitenstein** (Königstein) Burgstall; erhalten die doppelgeschossige, romanische Kapelle des 12. Jh.s (1973–74 renoviert); zwei Burgen nachweisbar, die ältere 12. Jh., die jüngere wohl Mitte 13. Jh.; bis zur Mitte des 14. Jh.s unabhängiges Reichslehen; schon im 17. Jh. verfallen.

D 4 **Brennberg** Ruine; nur Reste der 1379 in Ober- u. Unterbrennberg aufgeteilten Anlage erhalten: Mauerteile des Berings, des sog. Auer Turms, der Kapelle und der Wohnbauten (14. Jh., z. T. 18. Jh.); als erste ihres Namens im 11. Jh. Perinhart und Werinher de Primberch, Ministerialen des Hochstifts Regensburg, urkundlich genannt; bedeutend zwei weitere Angehörige des 1326 erloschenen Geschlechts: der Minnesänger Reimar III. und Reimar IV., der Kloster Frauenzell mitbegründete; nach mehrfachem Besitzwechsel ab 1832 Eigentum der Fürsten Thurn und Taxis; im 19. Jh. beginnender Verfall; jetzt Besitz der

Gemeinde; Originalbestand durch die kürzlich erfolgte Restaurierung beeinträchtigt.

Burglengenfeld   Ruine; umfangreiche, sicher schon im 12. Jh. in der jetzigen C 4 Ausdehnung bestehende Anlage; Um- und Ausbauten vor allem im 14. und 15. Jh.; an der Nord- und Südseite Wall und Graben entlang der nahezu oval geführten Ringmauer deutlich sichtbar (älteres romanisches Mauerwerk in Quadertechnik, jüngere Ergänzungen Bruchstein); erhalten neben Grundmauern und Kellerräumen der 28 m hohe runde Bergfried des 12. Jh.s, der um 1100 entstandene Sinzenhofer Turm, der Torturm mit Vorbau, der ursprünglich gotische, stark veränderte Bau von »Getraidkasten« und Zeughaus, das ehem. Kastenamt, Reste des »Tiefen Brunnens« und der Pulverturm; erste nicht gesicherte Hinweise auf die Herren v. Lengenfeld im 9. und 10. Jh., urkundlich für die Zeit zwischen 1050 und 1119 gesichert; ab 1119 wittelsbachisch; Pfalzgraf Otto V. nennt sich erstmals nach diesem wichtigen Besitz auch »Palatinus de Lengenfeldt«; nach 1255 Verwaltungsmittelpunkt der wittelsbachischen Besitzungen nördlich der Donau; von 1505 bis 1806 Pfalz-Neuburgisch; erste bauliche Schäden im Dreißigjährigen Krieg, nach 1806 Verkauf auf Abbruch, vor allem Zerstörung des umfangreichen »Inneren Schlosses«; erst nach 1814 Sicherung des Bestehenden; 1864 z. T. wiederhergestellt, Erziehungsstätte; jetzt Pflegeheim; nach Anmeldung zugänglich. (Abb. S. 31)

Burglengenfeld, nach einem Riß über die Gegend von Burglengenfeld, Anf. 17. Jh.

Sog. Altmannsches Schlößchen; ehem. Burggut; Anlage des 16. Jh.s mit steilgiebeligem Hauptbau, angebautem über Eck stehendem Rechteckturm und Torbau; modernisiert.

C 2 **Burgtreswitz** (südöstl. Vohenstrauß)   Ehem. Schloß; der zunächst dem Adelsgeschlecht der Treswitzer gehörende Besitz nach 1329 kurpfälzisch; bis 1809 Sitz
des Pflegamtes Treswitz-Tännesberg; die bestehende, um einen Innenhof gruppierte Anlage trotz ihres burgartigen Charakters erst im 17./18. Jh. entstanden;
wenig guter, z. T. ruinöser Zustand.

D 4 **Cham**   Burgstall; auf dem Galgenberg östlich von Cham durch Ausgrabungen
festgestellte, wohl unter Kaiser Otto I. entstandene Reichsburg; Wall- u. Gra-
benring erkennbar; beherrschte zwischen dem 10. und 12. Jh. die als Durchzugs-
gebiet wichtige Further Senke und war Mittelpunkt des »Campriche« genannten
Königslandes am oberen Regen; Sitz der bedeutenden Markgrafen von Cham-
Vohburg, die das Gebiet mit einer ganzen Reihe weiterer Burgen befestigten; um
1200 zugunsten der Neugründung an der heutigen Stelle Chams aufgegeben; ging
1204 mit dem Erlöschen des Geschlechts der Diepoldinger von Cham-Vohburg
an die Wittelsbacher über.

E 4 **Chamerau**   Burgstall; Stammsitz der Chamerauer, des vom 11.–15. Jh. bedeutendsten Geschlechts im oberen Bayerischen Wald.

D 4 **Chameregg**   Ruine; erhalten Nordwand und Teile der West- u. Südwand des aus
dem 12. Jh. stammenden sog. Ödenturms (auch Ellen- oder Eulenturm); quadra-
tisch, sorgfältige Buckelquadertechnik, Aufteilung in vier Stockwerke deutlich
erkennbar; wohl Bergfried der ehem. Burg, nach der sich die Chamerauer im
14. Jh. »von Chameregg« nennen; möglicherweise noch im 14. Jh. zerstört.

B 1 **Dechantsees** (nordöstl. Kemnath)   Ehem. Schloß; zweigeschossiger, langgestreckter Bau des 18. Jh.s mit erhöhtem und vorspringendem, walmgedecktem
Mitteltrakt; zeitweilig Eigentum des Klosters Waldsassen; jetzt Wohnungen.

A 4 **Deining** (südöstl. Neumarkt)   Ehem. Schloß; 1345 Eigentum eines Hartung
Schweppermann; häufig wechselnde Besitzer; 1692 an die Freiherrn v. Löwen-
thal, nach 1844 die Freiherrn v. Gumppenberg-Oberbrennberg; seit 1959 privat;
ansprechender kleiner, zweigeschossiger Bau des 17. Jh.s mit östl. gelegenem
Turm; Stuckdecken und Keramiköfen z. T. erhalten.

C 2 **Dießfurt**   Ehem. Hammerschloß; 1387 trat Konrad Welzhofer mit seinem Ham-
mer zu Dießfurt der Hammerwerkseinung Amberg-Sulzbach bei; 1468–1549
Eigentum der Nürnberger Patrizier Kreß v. Kressenstein, später der Wild, der
Podewils, der Haberland und der Heldmann; eine der bedeutendsten Eisenhüt-

ten der nördlichen Oberpfalz; zweiteilige völlig von Wasser umgebene Anlage; ältester Teil der sog. »Turm«, ein spätgotischer, quadratischer, dreigeschossiger Wohnturm mit maßwerkgeschmücktem Erker und Schießscharten im Erdgeschoß; gleichzeitig Reste der Mauer und Rundturm; jünger das Neue Schloß mit Allianzwappen Kreß-Eyb, 1544; Mansardendach 18. Jh.; Renovierung 1982 abgeschlossen. (Abb. S. 89)

Dietldorf Schloß; ursprünglich Hammerwerk, ab 1573 Edelsitz mit Hofmarksgerechtigkeit; seit 1660 mit kurzer Unterbrechung Besitz der Freiherrn Tänzl v. Tratzberg, die zu den bedeutendsten Bergherren Nordtirols gehörten; unter Friedrich Eberhard Tänzl um 1700 Errichtung des bestehenden Schloßbaues durch italienischen Baumeister; dreigeschossige, klar gegliederte Anlage mit kräftigen Risaliten an drei Seiten; Ausstattung mit gutem Mobiliar des Rokoko, Empire und Biedermeier; Sammlung der für die Topographie Bayerns wichtigen, 1793–1802 angefertigten Zeichnungen des Georg Hämmerl aus Kallmünz mit Ansichten von Schlössern und Städten des Herzogtums Pfalz-Neuburg. (Abb. S. 63)   B 4

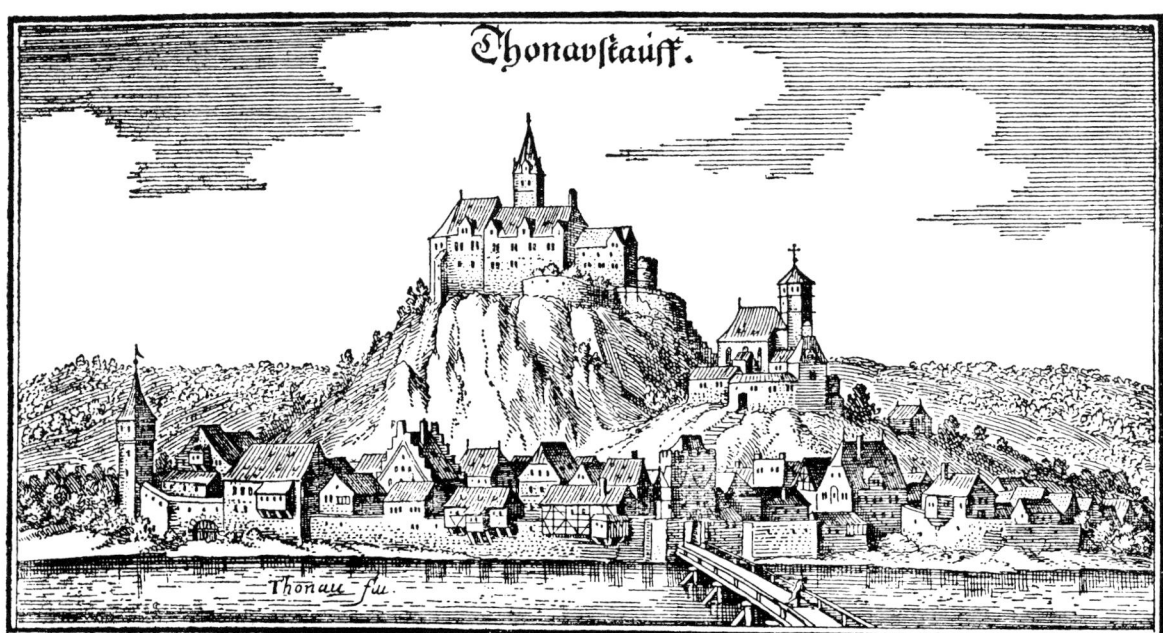

Donaustauf, aus M. Merian, Topographia Bavariae, 1644

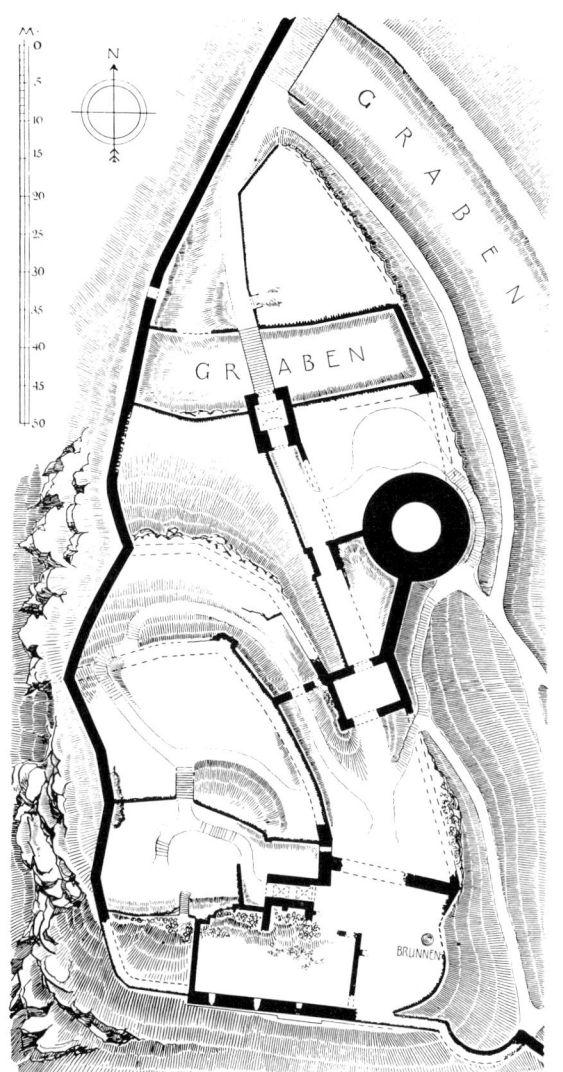

C 4

Donaustauf Ruine; aussichtsreiche Lage über dem Donautal; ein »castellum dicitur Stufo« (Donaustauf oder Regenstauf?) unter Bischof Tuto (894–930) erstmals genannt, gesichert erst 1133 als »castrum episcopi Tounustouphen«; umfangreiche Anlage mit außergewöhnlich starker Befestigung (5 Torbauten mit Zwingern dem Gelände folgend hintereinandergesetzt); da an strategisch wichtiger Stelle gelegen bis ins 15. Jh. Objekt ständiger Kämpfe zwischen den Herzögen von Bayern und den Bischöfen von Regensburg; erst ab 1488 endgültig bayerisch; 1634 von den Schweden eingenommen, seither Ruine; ab 1812 Besitz der Fürsten Thurn und Taxis; kunstgeschichtlich interessantester Rest der gegenüber dem ehem. Palas gelegene innere Torturm mit der Kapelle im Obergeschoß; eine ursprünglich quadratische, dreischiffige Halle zu drei Jochen mit vier freistehenden Stützen, von der Teile der Nord- und Westwand mit eingetieften Nischen und vorgelegten Säulen erhalten sind; Mauertechnik und Kapitellformen verweisen auf die Mitte des 11. Jh.s (Wolfgangskrypta in St. Emmeram, Regensburg!); ursprüngliche Bemalung wohl Mitte 12. Jh. (Abb. S. 34)

B 4 **Ebermannsdorf** (Amberg) Ruine; kleine Anlage am Hang, gegen das ansteigende Gelände durch Halsgraben geschützt; erhalten der achteckige Bergfried mit Abortausbau und Kaminresten im untersten Geschoß; Stammsitz der vom frühen 12. Jh. bis ins 14. Jh. mehrfach erwähnten Herren v. Ebermannsdorf.

Neues Schloß; Anlage des 18. Jh.s mit langgestreckter, zweigeschossiger Front über dem Tal und Verbindungsbau zur Kirche; Eigentum der Freiherrn v. Eyb; kürzlich renoviert.

Eggmühl Ehem. Schloß; im 12. Jh. in Händen der sich nach Eggmühl nennen-den ehem. Truchsesse v. Heilsberg, herzogl.-bayer. Ministerialen; bis ins 15. Jh. in häufig wechselndem Besitz, dann Pflegegericht der Herzöge v. Bayern; 1812 an Maximilian Joseph Graf v. Montgelas, 1834 an Maximilian Karl Fürst v. Thurn und Taxis; ab 1919 privat, jetzt Altenheim; umfangreiche, gut renovierte vierflü-gelige Anlage; im Kern mittelalterlich, im wesentlichen 16., zum Teil 17. und 18. Jh.; Inneres modernisiert; südwestliche 14-achsige Hauptfassade mit vorge-zogenem, durch geschweiften Giebel ausgezeichnetem Torbau; umlaufender Wassergraben aufgefüllt, Zwingermauern und Wall größtenteils erhalten.

C 5

Ehrenfels (Beratzhausen) Ruine; verhältnismäßig gut erhalten nur der Bering mit Wall und Graben, in ihrer jetzigen Form aus dem 15. Jh.; urkundlich 1256 mit Chunradus de Ernvels erstmals greifbar; 1335 an die Herren v. Stauf; 1416 von den Regensburgern »der reuterei wegen« belagert und zerstört, von dem beim Regensburger Dombau tätigen »tumaister Wenczla« den neuen kriegstechni-schen Erfordernissen entsprechend wiederaufgebaut; im Zuge der Bekämpfung des Löwenbundes, in dem Hieronymus v. Stauf zu Ehrenfels eine führende Rolle spielte, 1492 durch Herzog Albrecht IV. eingenommen und »mit sampt der Capellen zerrißen«; 1567 durch Kauf an Pfalz-Neuburg; noch zu Ende des 16. Jh.s als »ein wolgelegen Bergkhaus« bezeichnet; im Dreißigjährigen Krieg von den Schweden erobert, seither Ruine; in Renovierung (1983).

B 4

Schloß Eichhofen,
Stich von Michael
Wening, 1726

C 5 Eichhofen Schloß, ehem. Hammerhaus; um 1560 von Leonhard Sauerzapf erworben; 1610 als »Hammer zum Loch« erwähnt; rechteckiger, dreigeschossiger Bau mit steilen Treppengiebeln, polygonalem vorgekragtem Erker und polygonalem Turm; im Kern Mitte 16. Jh., im 18. Jh. und vor allem um 1866 z. T. verändert.

C 4 Etterzhausen Ehem. Schloß; im 13. Jh. die Herren v. Etterzhausen genannt; zeitweilig Eigentum der Parsberger, der Erlbeck, der Freiherrn v. Dittmer und v. Thon-Dittmer, des Kollegiatsstifts U. L. Frau zur Alten Kapelle, des Komponisten Mendelssohn-Bartholdy; im Kern aus der Zeit um 1590 stammend, mehrfach verändert; zweigeschossiger Bau mit kräftigem Mittelrisalit und achteckigem, laternenbekröntem Turm über dem Mittelbau; schöner Park zum Ufer der Naab.

C 1 Falkenberg Burg; mindestens von der Mitte des 12. Jh.s (1154 erste Erwähnung eines Pilegrin von Valkenberch) bis zur Mitte des 13. Jh.s im Besitz der Falkenberger; dann der Leuchtenberger; um 1300 an Kloster Waldsassen; umfangreiche Neubauten im 14. und 15. Jh.; 1571 kurpfälzisch; nach dem Dreißigjährigen Krieg allmählicher Verfall; erst von der Mitte des 19. Jh.s an Erhaltung des Bestehenden; nach 1937 Wiederaufbau durch Graf v. d. Schulenburg; wegen der Lage auf einer an drei Seiten sturmfreien, durch steil aufgetürmte Granitfelsen gebildeten Hügelzunge ohne Ummauerung; im Osten und Südosten tiefer Halsgraben; völlig dem Gelände angepaßte Ausbildung der ganzen Anlage; die Wohntrakte, die turmartigen Bauten von Brunnen- u. Torhaus und der Verbindungsbau umgeben, hochgezogen und nach außen in den Untergeschossen ohne jede Öffnung, den Innenhof mit dem freistehenden Bergfried; Privatbesitz; Burggaststätte und Teile der Burg für Führungen geöffnet. (Abb. s. Einband u. S. 21)

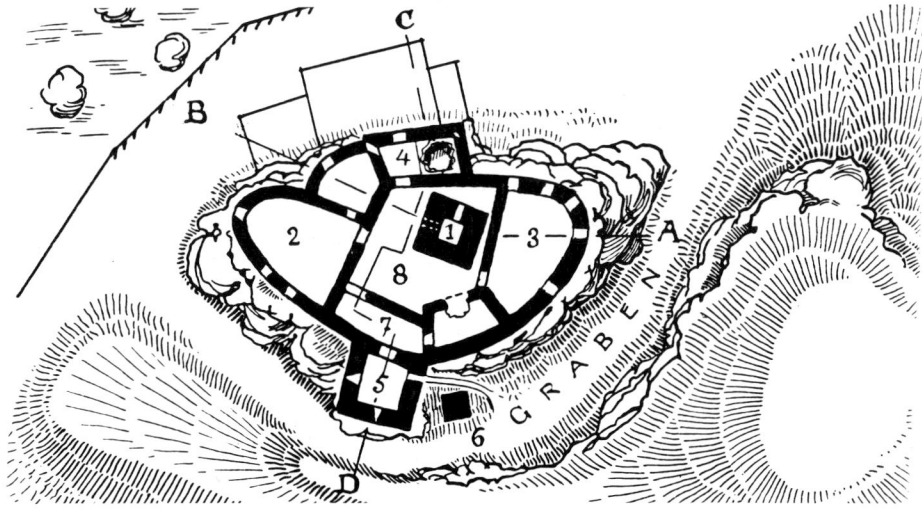

Falkenstein Burg; landschaftlich reizvolle Lage auf der höchsten Stelle eines **D 4** Granitkegels, dessen mit mächtigen Steinblöcken übersäte Hänge sich durch urwaldartigen Baumbestand auszeichnen; schon im 11. Jh. entstanden; bis zum Kauf durch die Wittelsbacher (1332) Teil der umfangreichen Besitzungen des Regensburger Hochstifts um Wörth und Donaustauf; im frühen 15. Jh. von den Hussiten vergeblich berannt (»Weiberwehr«); 1634 durch die Schweden erobert, 1641 jedoch auch gegen sie erfolgreich behauptet; auch in der Ausnutzung der Höhenunterschiede vorzüglich dem Gelände angepaßte Anlage mit mächtigem quadratischem Bergfried und um einen gestreckten Innenhof gruppierten Wohn- und Wirtschaftsgebäuden; älteste Teile romanisch; Um- und Anbauten vor allem im 17. Jh. (z. B. zweigeschossiger Laubengang des Nordflügels, Erker neben dem Toreingang); seit der 2. Hälfte des 18. Jh.s unbewohnt; im 19. Jh. Sicherung des Bestehenden; nach 1829 Eigentum des Hauses Thurn und Taxis; seit 1967 Besitz der Marktgemeinde, 1975–1978 völlige Renovierung. Im Erdgeschoß »Haus des Gastes«; Führungen durch die Burganlage möglich. (Abb. S. 13)

Flossenbürg Ruine; aussichtsreiche Lage hoch auf steilen Granitklippen; von **C 2** Graf Berengar von Sulzbach kurz nach 1100 gegründet; eine der wichtigsten Burgen des Gebietes, ablesbar schon aus der Liste der einander folgenden Besitzer: »castrum Flozze« war 1188 Eigentum Friedrich Barbarossas, 1212 des böhm. Königs Przemysl Ottokar, 1251 der Herzöge v. Bayern, gehörte um 1300 zur Reichsvogtei Nürnberg, von 1360 an wieder zu Böhmen, schließlich den Leuchtenbergern und wieder den Wittelsbachern; seit der Zerstörung von 1634 durch Dragoner des Herzogs v. Weimar Ruine; noch aus dem 12. Jh. der massige Wohnturm auf der höchsten Erhebung (Flossenbürg besaß keinen eigentlichen Bergfried!) und der »Hohe Mantel«; jünger die Reste des Palas, der Ringmauer und des nach Norden über den Bering hinaus vorgeschobenen Turms mit interessantem Kamin und Abortkanal (Mitte 13. Jh.); frühes 16. Jh. die erhaltenen Reste von Torbau, Batterieturm und anschließender Mauer. (Abb. S. 29)

Fockenfeld (westl. Waldsassen) Ehem. Sommerresidenz der Äbte von Wald- **C 1** sassen; Gut Fockenfeld ab 1362 Eigentum des Klosters; unter Abt Alexander Vogel um 1750 Neubau des z. T. noch bestehenden Baues unter Leitung von Philipp Muttone, Laienbruder des Klosters; ursprünglich Vierflügelanlage um einen geschlossenen Innenhof; eindrucksvolle, langgestreckte, zweigeschossige Ostfront mit Eckrisaliten und dreigeschossigem Mittelpavillon; dreischiffiges Vestibül mit vier Mittelpfeilern; stark verändert, z. T. zerstört; leider auch der verhältnismäßig gut erhaltene Ostflügel nach Errichtung moderner Neubauten für die seit 1950 bestehende Spätberufenenschule nicht seiner Bedeutung entsprechend unterhalten und in das Moderne integriert.

Forstenberg (Karlstein) Ruine; die Herren von »Forstärsberg« um 1280 erst- **C 4** mals genannt; um 1335 an die Hofer; noch im 14. Jh. an die Leuchtenberger; von der kleinen Anlage nur der untere Teil des fünfeckigen Bergfrieds aus Bruchsteinmauerwerk mit Eckquadern erhalten.

D 3 **Frauenstein** (Schönsee)   Ruine; bestand wahrscheinlich schon im 13. Jh.; vom 14. Jh. an böhmisches Lehen in häufig wechselndem Besitz; im ausgehenden 16. Jh. Ruine; erhalten geringe, von zahlreichen Sagen umwobene Mauerreste in dichtem Wald.

C 1 **Friedenfels**   Schloß; mindestens vom 16. Jh. an Eigentum der Nothaft, jetzt der Freiherrn v. Gemmingen; nach Brand von 1816 umfassender Neubau; vom Bau des Friedrich Sittig Nothaft (16. Jh.) Umfassungsmauern mit viereckigem, durch Wappen- u. Maßwerkfriese geschmücktem Erker, Räume des Erdgeschosses und ausgedehnte Felsenkeller unter dem Schloß erhalten. Äußeres renoviert.

C 3 **Fronberg** (nördl. Schwandorf)   Ehem. Schloß; vom Anfang des 13. Jh.s bis zur Mitte des 15. Jh.s Sitz der Fronberger; dann mehrfach wechselnde Eigentümer; ab 1461 Blech- u. Eisenhammer; jetzige Anlage Bau des 16. und 17. Jh.s; von Graben umgeben; Torturm des 16. Jh.s, reizvoller Laubenhof von 1587 und langgestreckter Hauptbau mit doppelläufiger Freitreppe, zwei Seitenflügeln und zwei haubengekrönten Ecktürmen; Schloßkapelle des 17. Jh.s. (Abb. S. 93)

C 3 **Fronhof** (südöstl. Nabburg)   Ruine; erhalten nur Teile der durch zahlreiche An- u. Umbauten veränderten Anlage; spärliche Reste des quadratischen Bergfrieds und der Wohngebäude; ältestes Mauerwerk wohl frühes 14. Jh.

C 5 **Gebelkofen** (südl. Regensburg)   Ehem. Schloß; die Gebelkofener Ende des 11. Jh.s genannt; Ende des 14. Jh.s Eigentum der Auer v. Brennberg, von der Mitte des 16. Jh.s an der Lerchenfelder; sog. Weiherhaus aus der Mitte des 18. Jh.s; wahrscheinlich unter Verwendung älterer Bauteile errichtet; von breitem Graben mit Brücke umgeben; dreigeschossige Vierflügelanlage um rechteckigen Innenhof; an der südl. Hofseite offene Arkaden; Schloßkapelle im Nordflügel; jetzt Wohnungen; umfassende Renovierung geplant. (Abb. S. 126)

C 4 **Glapfenberg** (südl. Nittenau)   Ehem. Schloß; seit dem 16. Jh. urkundlich genannt; in häufig wechselndem Besitz; jetzt Bauernanwesen; dreigeschossiger Rechteckbau des 16. Jh.s mit Treppengiebel und ursprünglichem Eingang an der Südseite des ersten Obergeschosses; dort mit Stichkappentonne gewölbter Flur; an den Kappenfüßen Lilien.

C 1 **Grötschenreuth** (nordwestl. Erbendorf)   Ehem. Schloß; um 1600 im Besitz der Steinhauser, von 1651 bis ins 19. Jh. der Weickmann; einfacher zweigeschossiger

Gebelkofen, aus Michael Wening, Topographia Bavariae, München 1726

Bau des frühen 17. Jh.s mit Walmdach; an der Südseite zwei überkuppelte, polygonale Ecktürme aus den 20er Jahren des 20. Jh.s; Privatbesitz.

Guteneck (östl. Nabburg)   Schloß; bis 1570 Besitz der Grafen v. Murach;   C 3
ursprünglich gotische, dann spätmittelalterliche Anlage, im 19. Jh. sehr weitgehend verändert; seit 1961 Eigentum der Grafen Beissel v. Gymnich.

Gutmaning (südl. Cham)   Schloß; 1387 wird ein Michael Götlinger zu Gutma-   D 4
ning genannt; bis ins 17. Jh. in häufig wechselndem Besitz; von 1649 bis in die 2. Hälfte des 19. Jh.s Eigentum der Herren v. Schrenk; aussichtsreich gelegener, 1887 z. T. veränderter zweigeschossiger, steilgiebeliger Bau; mehrfach modernisiert; erhalten schwarzer Kachelofen des späten 16. Jh.s mit allegorischer Darstellung der vier Weltteile und Grotesken; Schloßkapelle von 1674 mit etwa gleichzeitiger Ausstattung; Privatbesitz.

126

B 3 **Habsberg** (Engelsberg) Burgstall; anstelle der jetzigen Wallfahrtskirche die schon im 14. Jh. verfallene Burg der Grafen v. Kastl-Habsberg, einer Seitenlinie der Sulzbacher.

E 4 **Haidstein** (östl. Cham) Burgstall; Sitz eines Vasallengeschlechts der Markgrafen von Cham-Vohburg, das um 1200 urkundlich erstmals auftaucht; zeitweilig Aufenthaltsort des Minnesängers Wolfram v. Eschenbach, der in seinem Parzifal die Schönheit der auf Haidstein lebenden Markgräfin Elisabeth, Gemahlin des Berthold v. Cham, verewigte; um 1467/68 wegen angeblicher Übergriffe auf Befehl Herzog Albrechts zerstört.

A 4 **Haimburg** (nördl. Neumarkt) Ruine; ursprünglich ziemlich ausgedehnte Anlage; erhalten nur geringe Mauerreste zweier Torbauten, der Wohnbauten und des runden Bergfrieds; überwiegend 15. bzw. 16. Jh. (unter Herzog Johann v. Neumarkt Jagdschloß), nur in den untersten Teilen romanisch; seit der Zerstörung im Dreißigjährigen Krieg Ruine.

D 1 **Hardeck** (östl. Waldsassen) Ehem. Schlößchen; 1316 kaufte Waldsassen die leuchtenbergische Burg, die bis zur Säkularisation im Besitz des Klosters verblieb; der bestehende Bau aus der Zeit um 1708; zweigeschossige rechteckige Anlage mit polygonalen Erkern an beiden Schmalseiten; jetzt Gasthof; modernisiert.

B 3 **Haselmühl** (Amberg) Ehem. Hammerschloß; erster bekannter Besitzer 1387 Heimeran Alhardt (steinerne Wappentafel an der Südseite); 1619 Eigentum des Tobias Mendel v. Steinfels, der für das Hammergut Landsassenfreiheit erhielt; dreigeschossiger Bau mit Walmdach und Dachreiter; vor der Südwestecke kräftiger Rundturm, nur in den beiden Obergeschossen mit dem Haus verbunden; im 19. Jh. Gewehrfabrik, jetzt Wohnhaus einer Möbelfabrik mit Sägewerk.

B 3 **Haunritz** (südöstl. Hartmannshof) Ehem. Hammerschloß; seit dem 14. Jh. Hammerwerk, meist im Besitz Sulzbacher oder Nürnberger Geschlechter; hufeisenförmige Anlage mit Halbturm; weitgehend verändert.

C 5 **Haus** s. Neueglofsheim

B 3 **Hauseck** (Hirschbach) Ruine; urkundlich vom 14. Jh. an mehrfach erwähnt; zeitweilig Eigentum Karls IV., nach 1387 der Wolfsteiner; 1537 an die Stadt Nürnberg; 1554 durch Markgraf Albrecht Alcibiades niedergebrannt und seither Ruine; nur geringfügige Mauerreste in aussichtsreicher Lage.

C 4 **Hauzendorf** (nordöstl. Regensburg) Schloß; das Geschlecht der Hauzendorfer vom 12. bis ins 15. Jh. nachweisbar; später vielfach wechselnder Besitz; ursprünglich zweigeschossiger Bau im Charakter des 18. Jh.s mit kleinem Innenhof; zum Teil noch romanisches Mauerwerk; seit 1950 einheitliches Dach über der ganzen Anlage; 1983 Beginn der Außenrenovierung; im Inneren z. T. erneuert; Schloß-kapelle.

Hauzenstein (nordöstl. Regensburg)   Schloß; 1372 erstmals ein Hermann Hau- C 4
zendorfer zu Hauzenstein urkundlich genannt; vielfach wechselnder Besitz; seit 1830 Eigentum der Grafen v. Walderdorff; 2½-geschossiger Bau mit quadrati-schem, viergeschossigem, durch Zwischentrakt mit dem eigentlichen Schloß verbundenem Uhrturm; Schloßkapelle 1835; qualitätvolle Innenausstattung; gepflegter Park.

Heilsberg (nördl. Wiesent)   Ruine; die Truchsesse von Heilsberg urkundlich um D 5
die Mitte des 12. Jh.s erstmals genannt; von der Wende des 14. Jh.s an zusammen mit Wiesent ein Besitz und wahrscheinlich im 16. Jh. zugunsten von Schloß Wiesent verlassen; 1644 als »uraltes von Quaterstücken gebauets eingefallnes Schloß« bezeichnet; geringe Reste.

Heimhof (Hausen)   Ehem. Burg, Schloß; Mitte des 13. Jh.s ein Geschlecht der B 3
Haimenhofer faßbar; ab 1331 als Lehen des Klosters Kastl Besitz der Ettenstät-ter, ab 1385 des Dietrich Staufer zu Ehrenfels, dann der Wernberger und Ettlinger (1477–1579); vom ausgehenden 16. bis ins 19. Jh. Eigentum der Familie v. Loefen; 1855 von Bauern erworben, beginnender Verfall; erst nach 1922 durch Bodo Ebhardt, neuerdings durch Ernst Maier Sicherung des Bestehenden, Aus- und Umbauten der späteren Bauteile; ursprünglicher Bering größtenteils zer-stört, da im späten 16. Jh. Umbau zum Schloß; in seltener Vollständigkeit erhalten der mittelalterliche Hauptbau (wohl 14. Jh.) mit Untergeschoß, zwei Obergeschossen und Wehrgeschoß; im Renaissancetrakt ursprüngliche Wand- und Deckenstukkaturen der Zeit um 1610; Privatbesitz. (Abb. S. 32)

Heinzburg (auch Hainsburg, Heinsberg) (nordwestl. Neumarkt)   Burgstall; A 4
1504 zerstört; kaum mehr aufgehendes Mauerwerk in dichtem Wald.

Heitzenhofen   Ehem. Hammerschloß; Eisenhammer um 1460 mit Erlaubnis der B 4
bayerischen Herzöge durch Hammermeister Hans Moller errichtet; bis ins 17. Jh. Eigentum der Familie; später häufig wechselnder Besitz; Rechteckbau mit steilen Staffelgiebeln, Erker, Altanvorbau und turmartigem Anbau im N; nur teilweise alter Bestand.

Helfenberg (Velburg)   Schloßruine; im 12. Jh. gegründeter Burgsitz der Vel- B 4
burger; 1198 an das Bistum Regensburg; 1232 an Konrad v. Hohenfels, dessen Familie sich später nach Burg Ehrenfels nennt; im 16. Jh. Zerstörung und Wiederaufbau; 1628 an Herzog Maximilian v. Bayern, 1631 dessen Geschenk an Tserklaes Graf v. Tilly; unter Ferdinand Lorenz Franz Xaver Graf v. Tilly 1699–

1707 Neubau; Baumeister Giov. Antonio Viscardi; umfangreiche, auf mächtigen Substruktionen errichtete dreigeschossige Anlage mit Mittelturm und reicher Ausstattung (Stuck Giov. Nicolo Perti, Wandmalereien Hans Georg Asam); 1807 für 2200 fl. auf Abbruch verkauft; erhalten große Teile des langgestreckten mittelalterlichen Berings, daneben Gebäudereste aus dem 16. Jh., vom Schloßbau des 18. Jh.s nur die Unterbauten und Teile des Kellergeschosses.

B 4 Hemau   Ehem. Schloß; »Hempur«, auch »Hemburc« bereits in der 1. Hälfte des 12. Jh.s genannt; Eigentum der Grafen v. Hirschberg; 1305 als bambergisches Lehen an das Herzogtum Bayern; das »Neue Schloß« um 1600 anstelle der Burg der Hirschberger errichtet; noch vorhandene ältere Baulichkeiten zwischen 1797 und 1810 »demoliert«; dreigeschossige Hufeisenanlage, Ostfassade mit Pilastergliederung; durch Säulenstellung und Flachbogen ausgezeichnetes Portal; jetzt Finanzverwaltung; im Inneren völlig verändert.

B 2 Heringnohe (Vilseck)   Ehem. Hammerschloß; schon 1387 erwähnt; nacheinander Eigentum verschiedener Hammermeistergeschlechter, u. a. der Hegner, der Frank und der Portner; stattlicher dreigeschossiger Bau mit Blendnischen in den Walmgiebeln und angebauter, dem hl. Laurentius geweihter Kapelle; von der ursprünglichen Ausstattung nur drei klassizistische Öfen erhalten. (Abb. S. 95)

C 4 Hirschling (nördl. Regenstauf)   Ehem. Schloß; vom 12. bis ins 14. Jh. Sitz der »Heresinger«; ab 1457 in häufig wechselnden Händen; einfache Rechteckanlage mit steilen Treppengiebeln, Dachreiter und im Erdgeschoß untergebrachter Kapelle; in Resten spätmittelalterlich, im wesentlichen aus der Zeit um 1700; jetzt Wohnungen.

C 4 Hof a. Regen   Burg; Stammsitz des bedeutenden Geschlechts der Hofer; 1158 erstmals erwähnt; vom 16. Jh. an häufig wechselnder Besitzer; ursprünglich umfangreiche Anlage mit Vorburg (Wirtschaftsgebäude) und den um einen kleinen Hof gruppierten Bauten der inneren Burg; durch Um- und Einbauten weitestgehend verändert; verhältnismäßig gut erhalten der interessante, fast turmartige romanische Bau der Burgkapelle, deren beide Obergeschosse Wohnzwecke bzw. der Verteidigung dienten.

B 3 Hohenburg   Ruine; an der ältesten und wichtigsten Straße des Nordgaues gelegen, dem schon 805 im Diedenhofer Kapitular Karls d. Gr. erwähnten, von der unteren Elbe über Forchheim nach Regensburg führenden Handelsweg; wahrscheinlich um 1000 entstanden; Stammsitz der 1080 erstmals urkundlich auftauchenden Markgrafen v. Hohenburg; von 1248–1810 – abgesehen von kurzzeitigen Verpfändungen – Besitz des Hochstifts Regensburg; mehrfach erweitert und verstärkt; nach der Säkularisation auf Abbruch verkauft und weitgehend abgetragen; die auf isoliertem Bergkegel gelegenen Reste, da innerhalb des Truppenübungsplatzes, einmal wöchentlich zugänglich.

Hohenfels Ruine; ursprünglich verhältnismäßig langgestreckte Anlage mit zwei Bergfrieden (frühes 12. Jh.); Stammsitz der Herren von Hohenfels, die Burg und Ort 1375 an Pfalzgraf Ruprecht I. verkauften; 1628 an Bayern, 1631 an Graf v. Tilly; zu Beginn des 19. Jh.s weitgehend abgetragen; außer dem runden Bergfried nur Mauerreste erhalten. **B 4**

Hohengebraching (südl. Regensburg) Ehem. Schloß; schon im 16. Jh. bestehende Sommerresidenz der Äbte von St. Emmeram; jetzt Eigentum der Fürsten v. Thurn und Taxis; umfangreiche Anlage mit zahlreichen Wirtschaftsgebäuden (im sog. Alten Schloß Schloß-Gaststätte), Kirche und Wohnbau von 1727; dreigeschossig, mit geschweiften Giebeln; jetzt Wohnungen. **C 5**

Holnstein (nordwestl. Sulzbach-Rosenberg) Ehem. Schloß; die Herren v. Holnstein waren Truchsesse der Grafen v. Sulzbach; nach 1430 in häufig wechselndem Besitz; dreigeschossige, einen Innenhof umfassende Anlage mit polygonalem Treppenturm und barock ausgestatteter Kapelle (Totenschilde Holnsteiner Herren), jetzt Brauerei. **B 3**

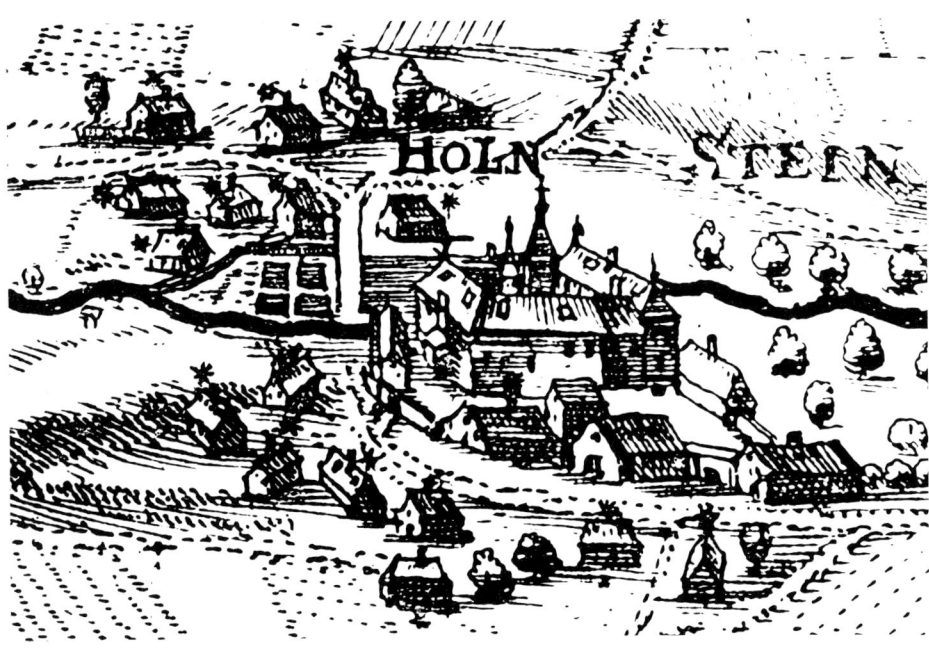

Holnstein, Detail aus dem Kupferstich »Delineation deß adelichen Gutes Holenstein«, 17 Jh.

Holzhammer (östl. Schnaittenbach) Ehem. Hammerschlößchen; nach 1366 von Friedrich dem Kastner errichteter Eisenhammer; später Eisenhüttenwerk **C 3**

130

und über 500 Jahre Zentrum der Eisenerzeugung in der mittleren Oberpfalz; zweigeschossiger Bau des 18. Jh.s mit einfachem, durch Pilaster betontem Portal.

B 1 **Hopfau** (nordwestl. Erbendorf)   Ehem. Hammerschloß; seit dem 14. Jh. bestehendes Hammerwerk; zweigeschossiger Bau mit polygonalem Treppenturm; um 1600; renoviert.

B 1 **Kaibitz** (südl. Kemnath)   Schloß; ursprünglich leuchtenbergisches Lehen; häufig wechselnder Besitz; wirkungsvolle, hufeisenförmige Weiherhausanlage in ausgedehntem Park; Bau des 18. Jh.s mit zweigeschossigen Seitenflügeln und dreigeschossigem Mitteltrakt mit Mansardendach.

C 4 **Kallmünz**   Ruine; der zu den Tälern von Naab und Vils steil abfallende Bergrükken von der älteren Steinzeit bis zum Frühlatène besiedelt, zum Teil stark befestigt; 983 erstmals urkundlich greifbar; über die Grafen von Sulzbach, vielleicht auch die Herren v. Lengenfeld im 12. Jh. an die Wittelsbacher; im 16. Jh. zerstört; nach 1607 instand gesetzt; 1641 von den Schweden eingenommen, seither Ruine; erhalten weite Strecken der äußeren, spätgotischen Zwingermauer, vor allem aber des turmbewehrten inneren Berings (spätes 13. Jh.), Reste eines spätgotischen Torbaues, des runden Bergfrieds (spätes 12. oder frühes 13. Jh.) und des Palas (13. Jh.) mit interessanten Architekturdetails (gekuppelte Rundbogenfenster und dreiteilige Spitzbogenfenster, z. T. mit eingestellten Säulchen, Tier- und Pflanzenreliefs); reizvolle, aussichtsreiche Lage. (Abb. S. 8)

C 4 **Karlstein** (nordöstl. Regenstauf)   Schloß; Anfang des 14. Jh.s Sitz der Hofer; zeitweilig Eigentum der Muracher, der Landgrafen v. Leuchtenberg und der Zenger; ausgedehnte Anlage mit südl. und westl. gelegenen Wirtschaftsgebäuden und dem eigentlichen Schloß, einer zweigeschossigen Vierflügelanlage mit kleinem, rechteckigem Innenhof; mehrfach, vor allem um 1900 verändert (Zinnen!); renoviert.

B 3 **Kastl**   Typisches Beispiel einer ehem. Klosterburg; der Sage nach Gründung im 10. Jh.; die Ganerbenburg 1098 durch die damaligen Besitzer (Graf Berengar I. v. Sulzbach, Graf Friedrich von Kastl-Habsberg und sein Sohn Otto, Markgräfin Luitgard, Gemahlin des Diepold v. Vohburg) in ein Kloster umgewandelt, das sich zu einem der bedeutendsten im ganzen Oberpfälzer Raum entwickelte; Teile des ursprünglichen Burgberings übernommen, z. T. umgestaltet und verbessert; erhalten u. a. zwei Torbauten (13. und 16. Jh.); übrige Anlage den neuen klösterlichen Zwecken angepaßt oder durch Neubauten ersetzt.

C 5 **Köfering** (südöstl. Regensburg)   Schloß; seit der Mitte des 12. Jh.s die Herren v. Köfering vielfach genannt; zeitweilig Eigentum der Nothaft und der Herren

v. Stauf, seit 1569 der späteren, noch heute ansässigen Grafen v. Lerchenfeld; ehemals fünftürmige Burg; 1491 im Löwlerkrieg zerstört; jetziger Bau frühes 18. Jh.; L-förmige, dreigeschossige Zweiflügelanlage mit Mittelrisalit, großem Torpavillon und Arkadengang auf der Hofseite: weiträumiger Hof, den nach Süden die Marstallgebäude, nach Osten freistehende Pfeiler abschließen; breiter Wassergraben um die ganze Anlage; Brücke zum Torbau; das Innere großenteils im ursprünglichen Charakter bewahrt; Räume im Torpavillon mit Stuck, um 1720 bzw. um 1740; in Renovierung (1983).

Königstein Burgstall; 1130 erstmals erwähnt; Eigentum der Grafen v. Sulzbach, dann der Staufer, der Breitensteiner und wieder der Sulzbacher; 1787 auf Abbruch verkauft.   **B 2**

Kötzting Ehem. Schloß; Ende des 11. Jh.s urkundlich auftauchend; im 12. Jh. Sitz der Herren v. Chostingen, Ministerialen der Markgrafen v. Cham; Kirchenburg, vor allem vom 15. Jh. an ausgebaut; Sitz herzoglicher Pfleger, 1698 nach Baufälligkeit instand gesetzt und umgebaut; Wohnbau dreigeschossig, mehrfach gebrochen dem Gelände folgend, durch das über eine Brücke erreichbare Tor in zwei etwa gleiche Hälften geteilt; ausspringender Rundturm im Norden; renoviert, im Inneren modernisiert.   **E 4**

Kröblitz (nördl. Neunburg v. W.) Ehem. Schloß; seit dem 13. Jh. erwähnt; häufig wechselnder Besitz; im 18. Jh. Eigentum der Freiherrn v. Wildenau, die auch den Eisenhammer erwarben; stattlicher, winkelförmiger Bau aus der 1. Hälfte des 18. Jh.s; zweigeschossig, durch Lisenen gegliedert; nach 1973 renoviert; Brauerei und Schloßgaststätte.   **D 3**

Kürn (nordöstl. Regensburg) Schloß; Herren v. d. Kürn im 12. Jh. erstmals genannt; 1394 an die Paulsdorfer; von 1642 bis ins 19. Jh. Eigentum der Herren v. Stingelheim; seit 1830 der Grafen v. Walderdorff; Burg 1266 zerstört; Beschädigungen bzw. Vernichtung durch Brand 1698 und 1825; jetziger Bau nach 1825; zweigeschossig, mit durch Giebel und Portal ausgezeichneter Hauptfassade nach Osten; schöner Park.   **C 4**

Kürnburg (auch Kirnberg, Kürnberg) (Stamsried) Ruine; interessante, ausgedehnte Anlage mit breitem, westlich gelegenem Graben, drei Höfen, Torbau, zweitem Tordurchgang und mehreren zum Teil halbrunden Türmen; rechteckiger Wohnbau, im Obergeschoß über konsolartigen Steinen etwa 25 cm auskragend; erbaut nach 1354 durch Dietrich d. Kürner, der sich von da an Kürner v. Kürnberg nennt; mehrfach wechselnder Besitz; 1633 oder 1634 von den Schweden zerstört, seither Ruine; durchgreifende Sicherungsmaßnahmen abgeschlossen. (Abb. S. 51)   **D 4**

B 4 **Laaber** Ruine; 1118 urkundlich erstmals genannt; bis 1463 mit kurzer Unterbrechung Besitz der Herren v. Laaber, von denen Hadamar III. als Minnesänger Bedeutung erlangte; dann bayer. Pfleg- und Kastenamt; 1505 an Pfalz-Neuburg; im 18. Jh. einsetzender Verfall; erhalten vor allem Teile des Berings, des Torbaues mit Zwinger, des Bergfrieds, des Palas und der Kapelle; noch die Ruine (z. T. mit modernen Einbauten) läßt die eindrucksvolle Anlage vom Anf. des 13. Jh.s mit ihrem außergewöhnlich mächtigen Buckelquadermauerwerk erkennen. Neuerdings Teile abgestützt und mit Beton ausgebessert.

B 4 **Laufenthal** (nördl. Hemau) Ehem. Schloß; 1173 urkundlich erstmals genannt; ursprünglich Sitz der Herren v. Laufenthal; häufig wechselnde Eigentümer; zeitweilig in Händen des Klosters Prüfening, von 1698–1793 der Geyer v. Etzenberg und Laufenthal; unter ihnen Anfang des 18. Jh.s Bau der bestehenden Anlage; schlichter dreigeschossiger Bau in reizvoller Lage; renoviert, im Inneren modernisiert; Pension.

C 4 **Leonberg** (südöstl. Burglengenfeld) Altes und Neues Schloß; im 13./14. Jh. Sitz der Limperger; im 15./16. Jh. Eigentum der Losnitzer; später häufig wechselnder Besitz.

Altes Schloß: am höchsten Punkt des Dorfes gelegen; im Kern mittelalterliche Anlage der Zeit um 1600; hoher Bau von fast burgartigem Charakter mit steilen, geschweiften Giebeldächern und kräftigem Turm; jetzt Wohnungen.

Neues Schloß: 2½geschossiger Bau des späten 19. Jh.s, rustiziert, mit Löwenköpfen über den Fenstern; schöner Park; Sitz der Grafen von der Mühle-Eckart.

C 2 **Leuchtenberg** Ruine in weithin sichtbarer Lage; umfassende Rundsicht; Stammsitz der edelfreien, vom frühen 12. Jh. an urkundlich genannten Herren v. Leuchtenberg, einem der bedeutendsten Geschlechter der Oberpfalz; seit 1158 Grafen, seit 1196 Landgrafen, im 15. Jh. in den Fürstenstand erhoben; bis zum Erlöschen der Familie 1646 ständig erweiterter Territorialbesitz; bedeutende, sich um einen Burghof entwickelnde Anlage; in ihrer jetzigen Form überwiegend 14. Jh. (Bergfried, Palas, Dürnitz, innerer Mauerring); Reste 12.–13. Jh. (z. B. Mauer an der nördlichen Seite des Bergfrieds); Kapelle, zwei der vier Torbauten und innere Zwingermauer 15. Jh.; vom späten 14. Jh. an – nach Verlegung der Residenz nach Pfreimd – Sitz leuchtenbergischer Pfleger; 1646 an Bayern; im 17. Jh. mehrfach geplündert und beschädigt; trotz Ausbesserungen um sich greifender Verfall; seit dem Brand von 1842 endgültig Ruine; vom Ende des 19. Jh.s an Sicherung des Bestehenden; Führungen. (Abb. S. 16/17 u. S. 134)

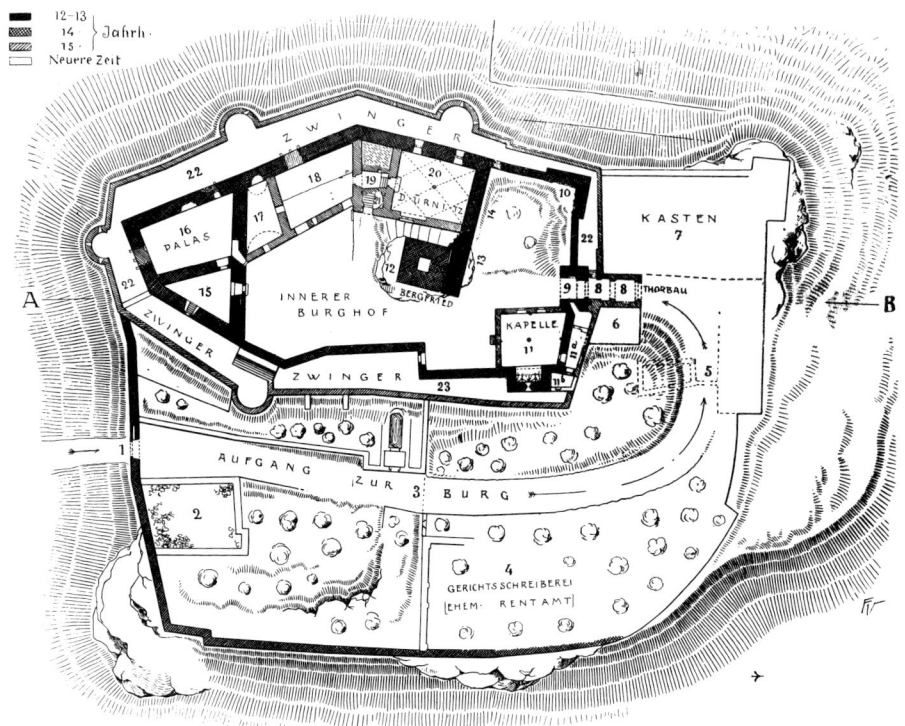

1 Tor zum äußeren Hof – 2 ehem. Amtsknechthaus – 3 ehem. zweites Tor (17. Jh.) – 4 ehem. Landgerichtsschreiberei – 5 ehem. drittes Tor – 6 ehem. Wasserstube – 7 ehem. Getreidekasten – 8/9 Torbau der inneren Burg – 10 ehem. Fäulturm, auch Pulverturm – 11 Kapelle mit jetziger Sakristei – 12 Bergfried, auch Lehenturm genannt – 13 vorspringender Unterbau des Bergfriedes, wahrscheinlich Rest eines älteren, größeren Turms – 14 Dürnitzmauer – 15 Vorraum des Palas – 16 Palas – 17/18 zweigeschossiger Zwischenbau – 19 Vorraum zur Dürnitz – 20 Dürnitz – 21 Kellertreppe vom Hof her – 22/23 Zwinger

Lichteneck (nördl. Kötzting)   Ruine; urkundlich um 1300 faßbar; bereits in der 2. Hälfte des 16. Jh.s verfallend; erhalten vor allem Teile des runden Bergfrieds und des Wohnbaues (wohl 13. Jh.).   E 4

Lichtenegg (südöstl. Hartmannshof)   Ruine; aussichtsreiche, freie Lage; vermutlich ursprünglich Besitz der Grafen v. Sulzbach; ab 1338 häufig wechselnder Besitz; ab 1580 Eigentum der Familie v. Preysing, die 1759 die verfallende Burg verließ; seither Ruine; erhalten nur Teile des Wohnbaues.   B 3

Liebenstein (südl. Tirschenreuth)   Ruine; Stammsitz der Herren v. Liebenstein, die seit der Mitte des 12. Jh.s urkundlich auftauchen; 1298 an Kloster Waldsassen; seit der Mitte des 17. Jh.s dem Verfall preisgegeben; verhältnismäßig große Anlage, von der nur geringe Mauerreste erhalten sind.   C 1

134

B 3 **Lintach** (nordöstl. Amberg)   Ehem. Edelsitz; das Geschlecht der Lintacher seit der Mitte des 12. Jh.s bekannt; bis ins 17. Jh. mehrfach wechselnder Besitz, dann bis ins 20. Jh. Eigentum der Freiherrn v. Lochner;

Altes Schloß: zweigeschossiger, einfacher Bau des 16. Jh.s mit wuchtigem älterem Turm im Osten; wird renoviert (1983).

Neues Schloß: renovierte dreigeschossige Dreiflügelanlage des frühen 17. Jh.s mit rundem Treppenturm und kleinem Innenhof.

D 4 **Lobenstein** (Oberzell)   Ruine; die bereits bestehende Burg 1340 als Lehen Kaiser Ludwigs d. Bayern an Eberhard v. Hof; bis 1629 Eigentum der Familie, die sich nun Hofer v. Lobenstein nennt; 1633 Zerstörung durch die Schweden; seither Ruine; von der nicht sehr großen, einen Innenhof umfassenden Anlage nur ein Teil des mächtigen Wohnturms erhalten; aussichtsreiche Lage. (Abb. S. 27)

C 5 **Loch** (Eichhofen)   Ruine; eine der beiden Höhlenburgen Bayerns; interessante Anlage des 12. Jh.s; urkundlich erst um 1400 als Besitz der Rummelsteiner greifbar; ursprünglich aus der äußeren Burg und der durch eine Quermauer abgetrennten inneren Burg bestehend; erhalten vor allem der runde, noch viergeschossige Bergfried und Reste der in ein natürliches Höhlensystem eingebauten Wohntrakte. (Abb. S. 23)

Loifling (südl. Cham)   Ehem. Schloß; ursprünglich Wasserburg; um 1150 taucht   D 4
ein Hermann, Sohn des Wolfram von Lewflingen auf; vom Anfang des 15. Jh.s
bis zum Beginn des 19. Jh.s Eigentum der Poißl; jetzt Bauernanwesen, z. T.
Schloßgaststätte; weitgehend verändert; erhalten nur ein Teil der ursprünglich
ausgedehnten Anlage: ein dreigeschossiger Rechteckbau mit turmartigem
Anbau im Westen und langgestrecktem zweigeschossigem Flügel im Osten;
Schloßkapelle wohl 18. Jh.

Lupburg   Ruine; Gründer der Burg wahrscheinlich Ludewicus de Lupourc, der   B 4
urkundlich um die Mitte des 12. Jh.s genannt wird; 1299 an das Hochstift
Regensburg; 1505 an Pfalz-Neuburg; nach 1803 Privatbesitz, jetzt im Besitz des
Landkreises; von der mittelalterlichen Burg nur Teile des Berings erhalten;
übrige Gebäudereste vor allem 17. und 18. Jh., N-Trakt saniert, S-Trakt als
Ruine gesichert, im O-Trakt Wohnungen.

Miltach (südwestl. Kötzting)   Ehem. Schloß; Ende des 12. Jh.s die Miltacher   E 4
Ministerialen der Markgrafen v. Cham; später an die Chamerauer und Sattelbog-

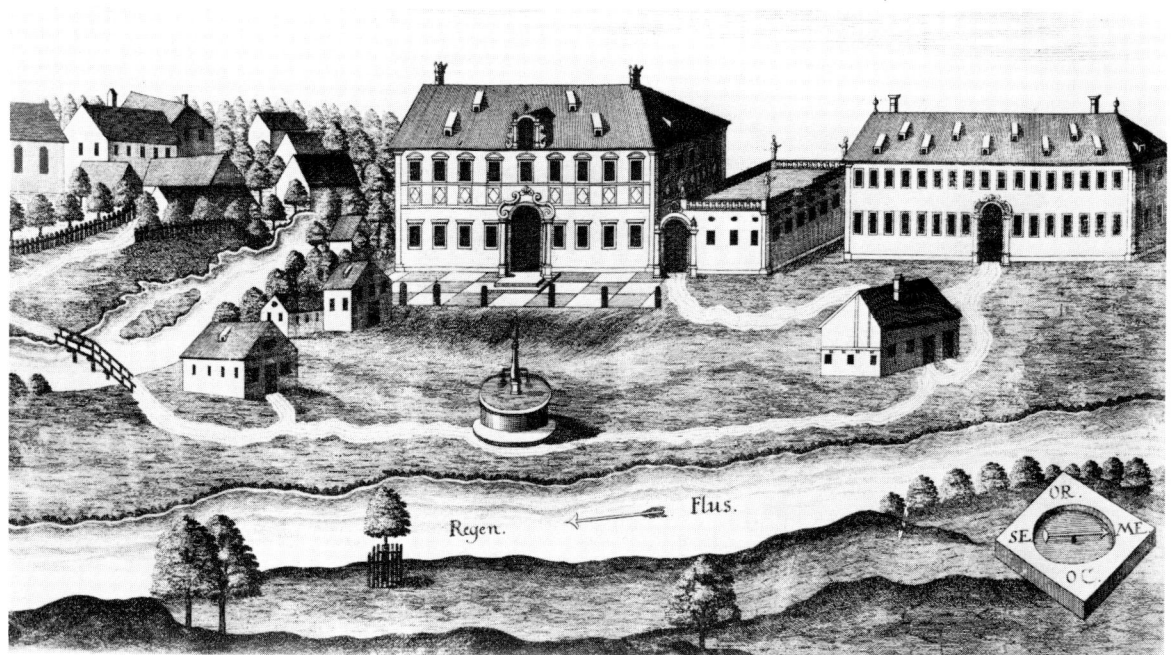

Miltach, aus Michael Wening, Topographia Bavariae, München 1726

ner; 1572 an Justinian v. Peilstein, unter dem wahrsch. der bestehende, um die Mitte des 18. Jh.s erweiterte Schloßbau errichtet wurde; stattlicher, jedoch schmuckloser zweigeschossiger Bau. Als Verkaufs- und Ausstellungsräume eines Textilbetriebs z. T. zugänglich. Wirtschaftsgeb. z. T. modernisiert, Schloßgasthof.

B 3 **Moos** (Amberg) Ehem. Wasserschlößchen; die Herren v. Moos erst im frühen 17. Jh. urkundlich genannt; einfacher, dreigeschossiger Rechteckbau des 17. Jh.s mit Walmdach; ursprüngliche Ringmauer mit Schlüsselscharten und an den vier Ecken ausspringenden Rundtürmen nicht in voller Höhe erhalten, Wassergraben eingefüllt.

C 4 **Münchshofen** (nordöstl. Burglengenfeld) Schloß; Hofmark, vom Beginn des 16. Jh.s an in häufig wechselndem Besitz; landschaftlich reizvoll über dem Naabtal gelegene doppelte Hufeisenanlage der Zeit um 1600; östlicher Hof mit Uhrturm und doppelläufiger Freitreppe; im Westen kleiner Hof mit Laubengängen; Voluten und Obelisken an den Giebeln jüngere Zutaten; interessanter Bau, wird derzeit renoviert (1983).

B 3 **Neidstein** (Neukirchen) Ruine; 1119 taucht Neipert von Nitstein, Ministeriale der Grafen v. Sulzbach auf; bis ins 15. Jh. häufig wechselnder Besitz, gehörte den Bamberger Bischöfen, den Wittelsbachern, kam an die Pfalz, den König v. Böhmen, wieder an die Wittelsbacher; 1466 an Hans Prantner und seither im Besitz der Familie (v. Brand); von der mittelalterlichen Burg nur geringe Mauerreste auf der höchsten Erhebung erhalten.

»Neues Schloß« etwas unterhalb gelegen; langgestreckter Bau des frühen 16. Jh.s; modernisiert.

C 5 **Neueglofsheim** Ehem. Burg, Schloß, auch »Schloß Haus« genannt; bei der Teilung des Eglofsheimer Besitzes 1314 erstmals erwähnt; zeitweilig Eigentum der Nothaft, des böhm. Königs, der Herzöge v. Bayern, von 1630–1803 Besitz der Kartause Prüll, seit 1835 der Fürsten v. Thurn und Taxis; von der mittelalterlichen Anlage, einem reinen Wehrbau mit Turm und Ringmauer, nur der noch etwa 22 m hohe Bergfried erhalten.

Das neue Schloß 1680 durch Stadtmaurermeister Kaspar Pielmayr aus Straubing erbaut; dreigeschossige Zweiflügelanlage mit Nebengebäuden und zwei runden Ecktürmen mit Kuppeldach; Schloßkapelle; z. T. modernisiert.

D 2 **Neuenhammer** (südl. Flossenbürg) Ehem. Hammerschlößchen; vom 14. Jh. bis um 1678 Ödenmühl genannter Eisenhammer; Eigentum der jeweiligen Herren v. Waldthurn, dann der Reichsfürsten v. Lobkowitz, die den Hammer 1733 an Georg Niklas Frank verkauften; unter Franz Frank 1808 Errichtung des

bestehenden Neubaus (18 FF 08 über dem Eingang); zweigeschossiger Bau mit türmchenartigem, kuppelgeschmücktem, auf zwei Säulen ruhendem Erker über dem Eingang; jetzt Gasthaus.

D 4 **Neuhaus** (südl. Cham)   Ruine; 1254 urkundlich auftauchend; seit dem 14. Jh. Eigentum der »Satelpoger von dem Newnhaus«; im 15. Jh. gefürchtetes Raubritternest (Strafexpedition des Herzogs Albrecht 1445!); im 16. und 17. Jh. vielfach wechselnder Besitz; 1829 an die Fürsten Thurn und Taxis; heute Privatbesitz; von der mittelalterlichen Anlage vor allem Teile des Wohnbaues und des Berings erhalten.

C 2 **Neuhaus/WN**   Ruine; zu Beginn des 14. Jh.s von den Leuchtenbergern anstelle der dem Kloster Waldsassen übereigneten Burg Altneuhaus (heute Burgstall) erbaut; 1328 ebenfalls dem Kloster verpfändet; mehrfach zwischen Waldsassen und Leuchtenberg wechselnder Besitz; ab 1515 endgültig bei Waldsassen; 1820 von der Gemeinde erworben; kleine Anlage; verhältnismäßig gut erhalten der ehem. Bering und der interessante, aus dem 14. Jh. stammende runde Bergfried (sog. »Butterfaß« mit äußerem Absatz und ursprünglich zwei Wehrgängen); Wohnbau in seiner jetzigen Form 17. Jh.

◁ Neumarkt, aus M. Merian, Topographia Bavariae, 1644

A 4 **Neumarkt**   Ehem. Schloß; 1329 im Hausvertrag von Pavia an die pfälzische Linie der Wittelsbacher; bei der pfälzischen Landesteilung von 1410 an Herzog Johann, den »Oberpfälzer, Neunburger oder Neumarkter«, der Neumarkt zur Residenz wählte und einen Neubau errichtete; 1499 an die Kurpfalz; unter Pfalzgraf Friedrich II., der 1513 seine Residenz von Amberg nach Neumarkt verlegte, größerer Neubau des 1520 durch Brand zerstörten Schlosses; 1539 weitgehend vollendet; der als Baumeister tätige Eichstätter Erhard Reich errichtete eine Vierflügelanlage mit Innenhof, Wassergraben, Tor- u. Treppenturm; im 19. Jh. zum Teil abgebrochen und weitgehend verändert; erhalten der dreigeschossige Nordostbau mit seinen hohen Giebeln und der polygonale Treppenturm; von der ursprünglich sehr reichen Ausstattung nur zwei Renaissance-Kamine aus der Werkstatt Loy Herings; renoviert, z. T. modernisiert. (Abb. S. 71 u. 138)

B 3 **Neumühle** (Amberg)   Ehem. Hammerschloß; erste bekannte Besitzerin 1387 Osanna, die Castnerin; nach den Kastnern die Knod, um 1582 die Stadt Amberg (über dem Hoftor Stadtwappen, 1681); dreigeschossiger, wahrscheinlich. spätgotischer Bau mit rundem Treppenturm und Erker an der Südostecke; wenig erfreulicher Zustand; Wohnungen.

D 3 **Neunburg v. W.**   Ehem. Schloß; Mitte des 12. Jh.s taucht ein Adelsgeschlecht auf, das sich nach Neunburg nennt; der Ort wahrscheinlich schon Anf. des 11. Jh.s von Bedeutung; Kurfürst Ruprecht II. machte die Stadt 1354 zur Resi-

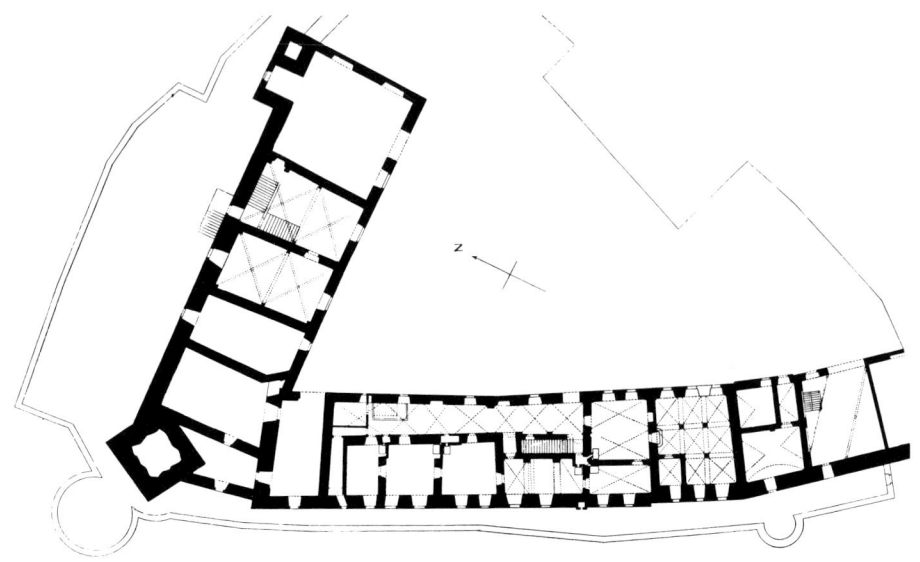

denz, was sie mit kurzer Unterbrechung bis zum Tod des Pfalzgrafen Johann v. Neunburg (1486) blieb; nur zum Teil erhaltene, doch noch immer umfangreiche, dem Gelände angepaßte Anlage, deren zwei in spitzem Winkel zueinander stehende Flügel sich im nordwestlich gelegenen sog. Wartturm (spätgotisch) treffen; nördlich die sog. Gürnitz (= Dürnitz) aus der 1. Hälfte des 15. Jh.s; westlich das sog. Neue Schloß, wohl überwiegend 16. Jh.; durch spätere Umbauten innen wie außen verändert.

Neustadt/Kulm   Burgstall; auf dem »Rauhen Kulm«, einem weithin sichtbaren Basaltkegel; als Reichslehen Besitz der Grafen v. Leuchtenberg; 1281 zusammen mit der Burg auf dem benachbarten »Schlechten Kulm« an die Burggrafen von Nürnberg; 1554 zerstört.   **B 1**

Neustadt/WN   Ehem. Altes und Neues Schloß; 1232 erstmals erwähnt; Sitz der Herrschaft Neustadt-Störnstein, deren Eigentümer mehrfach wechselten (u. a. Ortenberger, Truhendinger, Herzöge v. Bayern, Leuchtenberger, Karl IV.); 1558 zunächst als Pfand, ab 1575 als Erblehen, ab 1641 als gefürstete Grafschaft an die Herren v. Lobkowitz;   **C 2**

Altes Schloß: die »ziemlich hohe Veste mit gebrochenem Thurm« unter Fürst Ferdinand August (1655–1715) z. T. abgebrochen; erhalten ein hoher Giebelbau, dat. 1543, angebaute Arkadenfreitreppe (Anf. 19. Jh.);

Neues Schloß: Baubeginn 1698 unter Leitung von Antonio della Porta; Dreiflügelanlage geplant; Arbeiten 1720 eingestellt; vollendet nur der dreigeschossige

Nord-Süd-Flügel mit reicher Fassadengliederung durch Pilaster, Blendarkaden, Triglyphenfries und Kranzgesims; 1806 mediatisiert; heute Landratsamt; Innenräume renoviert, z. T. erhalten die üppige Stuckierung der Räume im 2. Obergeschoß, ehem. Schloßkapelle mit Stuck und guten Deckengemälden (Glaubensbekenntnis). (Abb. S. 73)

C 5 **Niederviehhausen** (Alling)   Ruine; das Geschlecht der Viehhauser vom 13. Jh. an faßbar; häufig wechselnder Besitz; im Dreißigjährigen Krieg zerstört, seither Ruine; von der ursprünglichen, von einem ovalen Bering umgebenen Anlage mit Turm, Wohnbau, Innenhof mit Brunnen nur der sechsgeschossige, etwa 22 m hohe quadratische Bergfried (möglicherweise 12. Jh.) erhalten; 1891 als Geschenk von Fr. Pustet an den Hist. Verein Regensburg, dann Eigentum der Stadt Regensburg; heute Privatbesitz.

B 3 **Oberammerthal** (Amberg)   Burgstall; Ausgrabungen ergaben eine erste Befestigung der Zeit um 800; nach 940 entstand unter den Grafen v. Schweinfurt eine den alten Ortskern umfassende, aus Vor- u. Hauptburg bestehende umfangreiche Anlage; Langhauswände der Burgkapelle des 10. Jh.s in der jetzigen Liebfrauenkirche eingebaut; Burg 1003 als Folge der Empörung des Schweinfurter Markgrafen Heinrich gegen Kaiser Heinrich II. weitgehend zerstört; im 12. Jh. zugunsten des »Spitz« genannten Neubaues am gegenüberliegenden Hang völlig verlassen; seit 1644 ebenfalls Ruine; geringe Reste.

Ehem. Schloß; um 1480 unter den Eschenbeck möglicherweise Gütertrennung in Altammerthal und Oberammerthal; wohl Lehen der Grafen Kastl-Sulzbach; zweigeschossiger Giebelbau aus der Zeit um 1600 mit gefastem Tür- u. Fenstergewände; rechteckiger Erker an der Südostecke über Balkonverkragung; Ostgiebel mit Fries und Schießscharten; landwirtschaftliches Anwesen; 1971 im Äußeren vorbildlich renoviert.

D 3 **Obermurach**   Ruine; 1110 mit Gerunch de Mourach, Ministeriale der Grafen v. Sulzbach erstmals erwähnt; 1188 an die Grafen von Ortenburg; ab 1285 Eigentum der bayerischen Herzöge; 1329 an die pfälzische Linie der Wittelsbacher; 1353 an Karl IV.; ab 1628 wieder bayerisch; Sitz eines Pflegers; nach 1805 einsetzender Abbruch, der »Haus Murach« für immer zur Ruine machte; erst nach 1842 Sicherungsmaßnahmen. Bedeutende, auf einer Granitkuppe gelegene Anlage, die mehrfach Belagerungen widerstand (vor allem Hussiteneinfälle 1428, 1433); ursprünglich völlig von einer Ringmauer umgeben; um einen unteren und einen oberen Burghof gruppiert; erhalten neben Teilen des Berings und Gebäuderesten vor allem der noch etwa 20 m hohe quadratische Bergfried (wohl 2. Hälfte 13. Jh.). (Abb. S. 19)

141

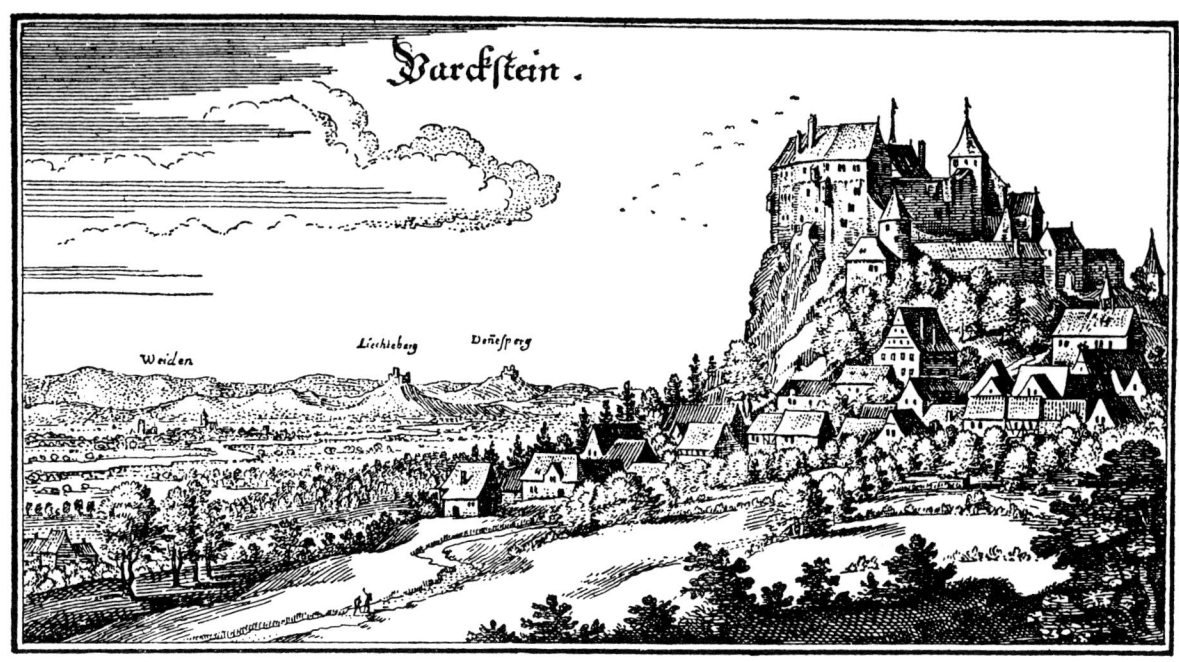

Parkstein, aus M. Merian, Topographia Bavariae, 1644

Parkstein Burgstall; der aussichtsreiche, 130 m hohe, völlig frei gelegene Basaltkegel ist einer der frühesten befestigten Plätze des Nordgaues; 1052 berichtet
die erste urkundliche Erwähnung von der Einäscherung der Burg; neu aufgebaut
Besitz der Grafen v. Sulzbach, deren Ministerialen Anf. des 12. Jh.s als Herren
v. Parkstein greifbar sind; das ganze Mittelalter hindurch politisch bedeutend; im
12. Jh. an Friedrich Barbarossa; 1251 an Herzog Otto v. Bayern; später als
Reichsgut Bestandteil der Reichsvogtei Nürnberg; gehörte zu Böhmen, den
Leuchtenbergern und wurde schließlich endgültig wittelsbachisch; nach 1759
einsetzender Abbruch, schon 1798 nur noch »einige Rudera«.

C 2

Parsberg Ruine, ehem. Schloß; »castrum Bartesperch« urkundlich 1205 erstmals genannt; bis 1730 Sitz der späteren Grafen v. Parsberg, einem der bedeutendsten Ministerialengeschlechter der Herzöge v. Bayern; geringfügige Reste
der ersten, mittelalterlichen Burg auf der Höhe über dem umfangreichen Gebäudekomplex von Oberem und Unterem Schloß erhalten. Oberes Schloß: dreigeschossig, langgestreckt mit zwei haubengekrönten Rundtürmen im Südwesten;
wahrscheinlich in der 1. Hälfte des 16. Jh.s unter Haug v. Parsberg errichtet.

B 4

142

Unteres Schloß: tiefer gelegen, halbkreisförmig mit dem Oberen Schloß einen Hof bildend, Hoftor mit Wappen der Parsberger (Jahreszahl 1600); im Inneren z. T. einfache Kreuzgewölbe und Balkendecken; Wohnungen, Museum. (Abb. S. 79)

D 3 **Pettendorf** (westl. Neunburg v. Wald) Ehem. Burg; viergeschossiger Wohnturm mit reizvollem Erker, Bau vom Anf. des 15. Jh.s; ursprünglich von Ringmauer und Wassergraben umgeben; neuerdings modernisiert.

B 3 **Pfaffenhofen** (Kastl) Ruine; genannt »Schweppermannsburg«; Anf. d. 12. Jh.s Besitz der Grafen von Kastl-Sulzbach; im 14. Jh. zeitweilig Sitz derer v. Schweppermann, dann Eigentum des Klosters Kastl; 1628 endgültig an Bayern; 1633 von den Schweden eingenommen, z. T. wiederhergestellt; im 18. Jh. beginnender Verfall; ab 1895 Sicherungsarbeiten; von der ursprünglichen romanischen Anlage vor allem Teile der Umfassungsmauer und der quadratische Bergfried erhalten bzw. wiederhergestellt; Privatbesitz; bis auf den Turm frei zugänglich. (Abb. S. 24/25)

C 3 **Pfreimd** Ehem. Schloß; nach 1332 Sitz der Landgrafen von Leuchtenberg; vor allem um 1590 umfangreiche Neubauten; ursprünglich ausgedehnte, von einer Mauer umgebene Anlage mit sieben dreistöckigen Gebäuden; fast völlig zerstört; Reste im jetzigen Rathaus: drei Renaissance-Portale, davon zwei mit verkröpften Gesimsen über flachen Pilastern, Wappen von Leuchtenberg und Baden.

A 3 **Pilsach** Schloß; das Geschlecht der Pilsacher im frühen 12. Jh. erwähnt; häufig wechselnder Besitz; soll zeitweilig auch als Aufenthaltsort Kaspar Hausers gedient haben; das renovierte, noch immer von einem Wassergraben umgebene ehem. Weiherhaus ist ein schlichter, im Kern wohl aus dem 16. Jh. stammender, dreigeschossiger Bau mit Walmdach.

C 4 **Pirkensee** (südl. Burglengenfeld) Ehem. Schloß; bis ins 15. Jh. Sitz der Herren v. Pirkensee; vom 15. Jh. bis Anf. des 16. Jh.s Eigentum der Eytenharter, von 1521 bis Anf. des 18. Jh.s der Teufel v. Pirkensee; stattliche, um 1734 entstandene dreigeschossige Anlage mit kräftigen, überkuppelten Ecktürmen; z. T. noch von kleinen Wassergräben umgeben und zusammen mit den Wirtschaftsgebäuden einen ausgedehnten Hof bildend; Wohnungen; im Äußeren z. T. renoviert; reizvolle Schloßkapelle des Rokoko mit reicher Stuckdekoration und einem Deckengemälde von C. D. Asam; (ren. 1882) in schlimmem Zustand.

Poppberg   Ruine; auf der höchsten Erhebung des oberpfälzisch-fränkischen   B 3
Jura in dichtem Buchenwald; ursprünglich wohl Besitz der Grafen v. Sulzbach;
1323 erstmals genannt; 1379 an die Herzöge von Bayern; wahrscheinlich in den
Hussitenkriegen zerstört und seither Ruine; verhältnismäßig stattliche Anlage,
von der neben kleineren Gebäuderesten, Teilen der Umfassungsmauer und eines
Turms vor allem die Mauern des Palas aus dem 13. Jh. erhalten sind.

Pyrbaum   Burgstall; Stammsitz der seit dem 12. Jh. erwähnten Pyrbaumer; ab   A 4
Mitte des 14. Jh.s zusammen mit Sulzbürg reichsunmittelbare Herrschaft der
Wolfsteiner; 1493 Neubau; 1740 an Bayern; 1853 zerstört.

Ramspau   Ruine; von der mittelalterlichen Burg, die sich die Herrn v. Weichs   C 4
1301 eintauschten und die später mehrfach die Besitzer wechselte, nur ein Teil
des ungewöhnlichen polygonen Bergfrieds erhalten.

Schloß; Johann Sigismund v. Reisach, der 1694 Besitz und Burg Ramspau
erwarb, erbaute einer Inschrift zufolge aus den Steinen der Burg das bestehende
1726 vollendete Schloß; stattliche, zweigeschossige Barockanlage mit vier polygonalen, von mächtigen Zwiebelkuppeln gekrönten Ecktürmen; gutes Mobiliar
(18. u. 19. Jh.) und schöne Empireöfen; nach 1803 Eigentum der Freiherrn v.
Pfetten, jetzt der Freiherrn v. Ledebur. (Abb. S. 81)

Regendorf (nördl. Regensburg)   Ehem. Schloß; vom Beginn des 13. Jh.s bis   C 4
zum Erlöschen des Geschlechts um 1510 Eigentum der Regendorfer; bis Ende
des 17. Jh.s in häufig wechselndem Besitz; 1699–1884 Eigentum der Freiherrn
v. Oberdorff; Neubau etwa 1515, um 1840 weitgehend verändert; zweigeschossiger, umfangreicher Bau, eine Art doppelte Hufeisenanlage mit zwei Rundtürmen und Freitreppe; gepflegter Park; Altersheim der Stadt Regensburg; im
Inneren weitgehend den jetzigen Erfordernissen angepaßt, Gewölbe im Erdgeschoß z. T. erhalten.

Regenpeilstein (Roding)   Burg; das »castrum in Peilstein« erscheint erstmals im   D 4
herzoglichen Grundbuch von 1270; als älteste Eigentümer werden die Zenger
genannt; vom 16. Jh. an sehr häufiger Besitzwechsel; von der mittelalterlichen
Burg vor allem der aus dem 14. Jh. stammende quadratische Bergfried erhalten;
die übrigen Bauten z. T. auf frühem Mauerwerk aufbauend, mehrfach (zuletzt
1897) verändert.

C 4/C 5 **Regensburg** »Herzogshof«, ehem. Pfalz; als nicht ständiger Wohnsitz weniger stark befestigt und mehr auf Repräsentation ausgerichtet; seit dem 10. Jh. Pfalz der agilolfingischen Bayernherzöge; später Residenz der Karolinger; weitgehend verändert; im Kern erhalten Palas – wiederhergestellt der stattliche Saal im Obergeschoß mit gekuppelten Fensterarkaden, um 1200 –, Kapelle (= Alte Kapelle) und ehem. Bergfried, sog. Römer- od. Heidenturm, mit staufischer Buckelquaderverkleidung.

Patrizierhäuser; typische Beispiele der nördlich der Alpen seltenen mittelalterlichen Stadtburg; überwiegend 13. und 14. Jh.; burgartig geschlossene Häuser, häufig mit Innenhof, Kapelle und zum Teil bergfriedartigen Türmen; z. B. Baumburgerhaus, Haymo- oder Wallerhaus mit Goldenem Turm, Zanthaus mit den Resten zweier Türme, Gravenreuther Haus (»Hinter der Grieb«), Kastenmayerhaus mit sog. Haymannsturm, Goldene Krone, Blauer Hecht, Goliathhaus, Goldenes Kreuz mit 7-stöckigem Turm usw.; der Bedeutung der Stadt entsprechend auch zahlreiche Palais des 16.–19. Jh.s: z. B. »Neue Waag« oder »Herrentrinkstube« mit schönem Arkadenhof von 1575; das ehemals außerhalb gelegene, 1731 weitgehend veränderte Wasserschloß Pürkelgut; das vierflügelige Thon-Dittmer-Haus mit Innenhof, nach 1781 aus zwei umgestalteten mittelalterlichen Gebäuden entstanden und 1809 durch d'Herigoyen nochmals umgebaut; die klassizistischen Bauten von J. Sorg (Villa Lauser, 1795; Dompropstei, 1800) und d'Herigoyen (sog. Württembergisches Palais, 1804; Palais des Französischen Gesandten, 1805).

Residenz der Fürsten v. Thurn und Taxis (ehem. Benediktinerkloster St. Emmeram); eine der frühesten Klostergründungen Bayerns; vom 13. Jh. bis zur Säkularisation reichsunmittelbar; 1812 als Entschädigung für das vom Staat übernommene Postregal an das Haus Thurn und Taxis, seither Residenz; die ursprünglichen, südlich der Kirche St. Emmeram gelegenen Klosterbauten im 19. Jh. verändert und erweitert; großenteils noch romanisch der sog. Alte Konventbau, der zusammen mit der Kirche St. Emmeram den Kreuzgang (spätes 12. Jh., bzw. 1220–40) umschließt und u. a. Küche (12. Jh.), Keller (13. Jh.), Stiegenhaus (um 1600), Refektorium (17. Jh.), Kapitelsaal und Bibliothek mit Deckengemälden von C. D. Asam (beide 1731–33) birgt; Neuer Konvent: dreigeschossig, 1666 begonnen, 1816 und 1819 im Inneren verändert, 1873 und 1889 z. T. durchgreifend umgestaltet und erweitert, z. T. Neubau im Stil der Renaissance und Angleichung der übrigen Fassaden; reiche Ausstattung, z. T. aus dem Frankfurter Palais des Fürstenhauses übernommen; Reitschule: Dreiflügelanlage von Joh. Bapt. Métivier, 1828, mit rustizierter Fassade und Reliefs von L. M. v. Schwanthaler; ausgedehnter Park; drei Innenhöfe; im größten der 1578 von M. Dietlmaier gefertigte Kurfürstenbrunnen; Prunkräume zugänglich, in der Reitschule Marstallmuseum. (Abb. S. 76/77)

Regenstauf Burgstall; älteste Geschichte unklar; 1125 ein Graf Otto genannt, wahrscheinlich der Burggraf v. Regensburg, Graf v. Stefling und Riedenburg; 1505 an Pfalz-Neuburg; schon Ende d. 16. Jh.s gänzlich verfallen. **C 4**

Reichenstein (Schönsee) Ruine; hochgelegene, 1333 von den Leuchtenbergern erworbene und 1416 wieder verkaufte Burg; mehrfach wechselnder Besitz; schon in der 2. Hälfte d. 16. Jh.s »öd« und »zerbrochen«; erhalten nur der sagenumwobene Stumpf des runden Bergfrieds. **D 3**

Reuth (östl. Erbendorf) Schloß; urkundlich 1337 als Besitz der Trautenberger erstmals genannt; seit 1933 Freiherr von Podewil'scher Besitz; mehrfach umgebaut: um 1550 vergrößert, um 1671 wiederhergestellt, um 1800 umgebaut, 1905–06 z. T. Neubauten; stattl. zweigeschossige Anlage mit überkuppeltem Rundturm. **C 1**

Rieden Ruine; urkundlich vom 12. Jh. an erwähnt; im Dreißigjährigen Krieg zerstört; geringe, z. T. in Häuser eingebaute Mauerreste. **C 3**

Rohrbach (nördl. Kallmünz) Ehem. Hammerschloß; im 9. Jh. urkundlich auftauchend; ursprünglich Eigentum der Markgrafen v. Hohenburg; 1241 an den Bischof v. Regensburg, der Eisenhammer von da an mit kurzer Unterbrechung als bischöfliches Lehen in Händen verschiedener Hammermeister; von der 1. Hälfte des 16. Jh.s bis zum Aussterben der Rohrbacher Linie 1762 Eigentum der Freiherrn v. Sauerzapf; überwiegend spätgotischer Bau, bestehend aus einem zweigeschossigen Teil mit Erkervorbau im Westen und einem dreigeschossigen Teil mit über Eck gestelltem turmartigem Anbau mit Jahreszahl 1586 im Osten; Wohnungen und Gastwirtschaft. **C 4**

Rosenberg (Sulzbach) Burgstall; ursprünglich verhältnismäßig große Anlage; im 13. Jh. Besitz der Grafen v. Sulzbach, später eines der wichtigsten Reichslehen in der Umgebung ihres Stammsitzes; im 14./15. Jh. Eigentum der Wittelsbacher; schon im 16. Jh. verfallen. **B 3**

Rostein (auch Roßstein) (nordwestl. Schmidmühlen) Ruine; erst im 14. Jh. urkundlich greifbar; um die Mitte des 16. Jh.s bereits zerstört; von der wahrscheinlich nicht sehr großen Burg nur Reste des jetzt in dichtem Wald liegenden, turmartigen Wohnbaues erhalten. **B 4**

Röthenbach (Freihung) Ehem. Hammerschloß; 1416 als Eigentum Friedrich des Gnendörfers erwähnt; zeitweilig Besitz der angesehenen Hammerherrn Sauerzapf und Kastner; stattlicher zweigeschossiger Bau mit Walmdach und rustiziertem Sandsteinportal mit gebrochenem Giebel; 1678 durch Hans Andreas v. Schönstedt errichtet; Kapelle 1762 angebaut. (Abb. S. 90) **B 2**

E 4 **Runding** (östl. Cham) Ruine; ehemals bedeutende Anlage mit engen Beziehungen zur Reichsburg Cham; die ab 1118 auftauchenden Herren v. Runding, Ministerialen der Markgrafen von Cham-Vohburg, bis zum Anf. d. 15. Jh.s nachweisbar; von 1413 an mit kurzen Unterbrechungen Besitz der Nothaft, unter denen die Burg zur größten und stärksten Anlage des Bayer. Waldes ausgebaut wurde; 1829 an den bayerischen Staat; Verkauf auf Abbruch; nur mehr geringe Mauerreste.

B 3 **Rupprechtstein** (Neukirchen) Ruine; 1243 Albert v. Rupprechtstein erwähnt; vom 14. Jh. an Besitz der Freudenberger; die ausgedehnte, aus Unter- und Oberburg bestehende Anlage vor allem unter dem böhmischen König Karl IV. von Bedeutung; in der 1. Hälfte des 19. Jh.s beginnender Verfall; geringe Reste in aussichtsreicher Lage.

D 4 **Sattelbogen** (südl. Cham) Burgstall; Stammsitz der seit 1156 nachweisbaren Sattelbogner; von der wahrscheinlich im Dreißigjährigen Krieg zerstörten Mini-

Sattelpeilnstein, aus Michael Wening, Topographia Bavariae, München 1726

sterialenburg, der größten und wichtigsten im südöstlichen Grenzgebiet der Oberpfalz, nichts erhalten.

Sattelpeilnstein (südl. Cham) Schloß; das Geschlecht der Peilnsteiner schon um D 4 die Mitte des 12. Jh.s nachweisbar; die Ende des 15. Jh.s bereits völlig vernachlässigte Burg ab 1370 Sitz eines Pflege- und Landgerichts; unter Justinian v. Peilnstein 1571–80 Errichtung des bestehenden Neuen Schlosses; nahezu quadratischer, dreigeschossiger Bau mit vier Ecktürmen; im Inneren weitgehend verändert; Äußeres neuerdings renoviert. (Abb. S. 147)

Schellenberg (östl. Flossenbürg) Ruine; im 14. Jh. urkundlich erwähnt; zeit- D 2 weilig böhmisches Lehen; bis ins 16. Jh. Sitz der Waldauer zu Waldthurn; Verfall nach dem Dreißigjährigen Krieg; sagenumwobene Mauerreste.

Schierling Ehem. Schloß; 953 taucht »Schirlinga« in einer Urkunde Kaiser C 5 Ottos I. erstmals auf; Edle v. Schierling werden im 12. und 13. Jh. genannt; dann bis ins 17. Jh. in häufig wechselndem Besitz; von etwa 1680–1733 Eigentum des Jesuitenkollegs Straubing, dann bis 1810 des Malteserordens; seither in vielfach wechselnden Händen; um einen großen Hof angeordnete Baulichkeiten in z. Z. wenig gutem Zustand: im Süden und Norden langgestreckte, 1728 errichtete Gebäude mit Wellengiebeln und Figurennischen; im Osten Torbau (z. T. verändert); im Westen der im Kern mittelalterliche, im 17. und 18. Jh. veränderte dreigeschossige Hauptbau mit Krüppelwalmdach und kleiner, im späten 17. Jh. ausgestatteter Kapelle im 3. Geschoß; renovierungsbedürftig.

Schlammersdorf (nordwestl. Eschenbach) Ehem. Schloß; Stammsitz der bis B 2 zur Mitte des 16. Jh.s ansässigen Schlammersdorfer; im 17./18. Jh. zeitweilig Eigentum der Freiherrn v. Lindenfels; stattlicher zweigeschossiger Bau mit Mansardendach; 1778–79 durch Maurermeister Thomas Seb. Preysinger aus Kirchenthumbach errichtet; renoviert.

Schmidmühlen Ehem. drei Schlösser; Ort durch Lage am Übergang der Han- B 4 delsstraße Forchheim – Lauterhofen – Premberg über die Vils früh wichtig; erste urkundliche Erwähnung im Jahr 1000; daneben als »smidmuln« (erwähnt 1010), als Eisenhammer, von Bedeutung: erstes urkundlich genanntes Eisenhüttenwerk Deutschlands mit Wasserantrieb; 1311 eine der größten Eisenhütten im nordöstl. Bayern.

Unteres Schloß, ehem. Hammerschloß; stattlicher Barockbau der Zeit um 1700; unter den Herrn v. Vischbach errichtet; Renovierung (1983).

Oberes Schloß, ehem. Hofmarkssitz; bis ins 14. Jh. Eigentum der Schmidmühlener, dann der Ettenstettner und der Hausner v. Winbuch; jetzt Sitz der Gemeinde; dreigeschossiger Bau der Zeit um 1600 mit achteckigem Treppenturm; Äußeres, Räume im Erdgeschoß und 1. Obergeschoß renoviert (Stuckdecken) bzw. modernisiert; im 2. Obergeschoß z. T. bemalte Balkendecken und qualitätvolle Wandmalereien der Zeit um 1600; als seltenes Beispiel profaner Renaissancemalereien in Bayern von besonderer Bedeutung; restaurierungsbedürftig.

Sog. Zieglerschloß; dreistöckiger Bau des 18. Jh.s mit Mittelrisalit, zweigeschossigem Erker und rustizierten Ecken; z. T. modernisiert.

D 5 **Schönach** Schloß; die Schönacher vom späten 12. bis in die 2. Hälfte des 14. Jh.s urkundlich nachweisbar; im 15. Jh. Eigentum der Paulsdorfer, Ende des 16. Jh.s der Nothaft, später der Grafen v. Königsfeld, nach 1764 der Grafen v. Seinsheim und im 20. Jh. der Freiherrn v. Hoenning O'Carroll; jetzt bewohnt von der Familie v. Moreau; 1703 unter Johann Georg Graf v. Königsfeld errichteter Neubau; stattliche, dreigeschossige Anlage mit Walmdach, rustiziertem Erdgeschoß, Triglyphenfries und Dachgesims; Gliederung der Obergeschosse durch dorische Pilaster; gute Ausstattung der Innenräume mit Malereien und Stuck nach 1703 durch unbekannte Meister; hervorzuheben der zweigeschossige sog. Rittersaal mit besonders reicher Spiegeldecke, deren Hauptbilder der Phaetonsage gewidmet sind.

Schönach, aus Michael Wening, Topographia Bavariae, München 1726

C 4 **Schönberg** (Wenzenbach) Ehem. Schloß; ursprünglich Eigentum des Regensburger Bischofs, um 1300 an die Herzöge v. Bayern und als deren Lehen in vielfach wechselnden Händen, u. a. der Auer, der Sattelbogner, des Bernhard v. Stauf, der Freiherrn v. Lerchenfeld, der Stingelheim, nach 1817 der Fürsten

149

Schönberg, aus Michael Wening, Topographia Bavariae, München 1726

v. Thurn und Taxis; hoch über dem Tal des Wenzenbachs gelegene umfangreiche z. T. noch ummauerte Anlage; Nebengebäude seit 1928 Gastwirtschaft und landwirtschaftliches Anwesen; dreigeschossiger Hauptbau aus dem frühen 18. Jh. mit älterem Mauerwerk: dem Gelände folgend im Süden unregelmäßig gebrochen mit halbrundem Erker im Südwesten, im Norden gerade Fassade; jetzt Wohnungen; Schloßkapelle; interessante Anlage; Renovierung geplant.

Schönhofen (Nittendorf) Ehem. Hammerschloß; zeitweilig im Besitz der C 5
Sauerzapf; die im 16. Jh. anstelle eines mittelalterlichen Baues aus dem 12. Jh. entstandene ausgedehnte Anlage mit 2 Schloßtrakten und umfangreichen Wirtschaftsgebäuden schon im 18. Jh. stark verändert.

Schwärzenberg (auch Schwarzenberg) (Stahlfeld) Ruine; auf einem Quarzfel- D 3
sen des Pfahls gelegen; als bambergisches Lehen zunächst Besitz der im 12. Jh. auftauchenden Herren v. Fronau, dann bis 1520 der Zenger; 1606 schon »baufellig« an Hans Georg v. Marolding; wahrscheinlich im Dreißigjährigen Krieg endgültig zerstört; vor allem Reste des ehem. Wohnturmes und des Brunnens – von Sagen umsponnen – erhalten.

Schwarzenburg (auch Schwarzwihrberg) (Rötz) Ruine; im 11. Jh. ein Heinricus D 3
de Swarcenburc als erster Angehöriger des angesehenen, bis ins 14. Jh. bestehenden Geschlechts der Schwarzenburger genannt; zeitweilig Eigentum der Wittels-

bacher und der Landgrafen von Leuchtenberg; 1506 an Heinrich v. Guttenstein, der von hier aus Raubzüge unternahm und vom Schwäb. Bund bestraft werden sollte; ließ die eigene Burg zur Erprobung ihrer Festigkeit beschießen und verkaufte sie, da sie nicht standhielt, 1509 an Kurfürst Ludwig V. v. d. Pfalz; erst nach der Zerstörung durch die Schweden 1634 und der Entnahme von Baumaterial endgültig Ruine; ausgedehnte Anlage, 12. Jh. und Mitte 15./Anf. 16. Jh.; ursprünglich von einer nahezu rechteckigen, dem Gelände folgenden Ringmauer umgeben; unterer Burghof mit Wirtschaftsgebäuden, oberer Burghof mit Bergfried, Wohngebäuden und Kapelle; in der zweiten Bauperiode vor allem Verstärkung der Befestigung durch Batterietürme und Bastionen, Ausmauerung des Halsgrabens und Errichtung des äußeren Torbaues; umfangreiche, z. T. erneuerte Reste; kunstgeschichtlich besonders interessant das erhaltene Mauerwerk der Kapelle mit zwei romanischen Säulen (Würfelkapitelle und Basen mit Eckknollen); Festspielplatz; zeitweilig bewirtschaftet; bis auf den Bergfried (= Aussichtsturm, wird aufgesperrt) frei zugänglich.

Hammerschloß Schönhofen, aus Michael Wening, Topographia Bavariae, München 1726

Schwarzeneck (nordwestl. Neunburg v. W.)   Ehem. Schloß; 1270 wird »castrum   C 3
Swartzenekk« urkundlich erstmals genannt; im 14./15. Jh. Eigentum der Zenger;
dann mehrfach wechselnde Besitzer, vom Ende des 17. Jh.s bis zur Mitte des
18. Jh.s die Freiherrn v. Horneck; jetzt Bauernanwesen; stattlicher, im Äußeren
gut renovierter zweigeschossiger Rechteckbau mit Mansardendach, 1. Hälfte des
18. Jh.s; die in den beiden Eckzimmern des Obergeschosses erhaltenen Wandmalereien der Zeit um 1800 (allegorische Gestalten, Ornamente, Landschaften)
in wenig gutem Zustand.

Schwarzenfeld   Ehem. Schloß; im 14. Jh. Sitz der Schwarzenfelder; später   C 3
häufig wechselnder Besitz; unter Max Carl Theodor Graf v. Holnstein in der
2. Hälfte des 19. Jh.s Neubau der bestehenden Zweiturmanlage; jetzt Reiterpen-
sion. (Abb. S. 67)

Sengersberg (auch Segensberg) (nördl. Falkenstein)   Ruine; die Herren von   D 4
»Segensperch« seit dem 13. Jh. nachweisbar; ursprünglich Lehen der Regensburger Bischöfe, nach 1326 bayerisch; von der schon Mitte des 16. Jh.s zerstörten
Burg nur geringe Reste auf der Höhe einer mit mächtigen Granitblöcken
übersäten, dicht bewaldeten Bergkuppe.

Siegenstein (Süssenbach)   Ruine; seit dem 13. Jh. nachweisbar; Eigentum des   D 4
Hochstifts Regensburg; zeitweilig Sitz bayerischer Pfleger; schon 1606 unbe-
wohnbar und großenteils verfallen; nur geringe, aus dem 12. Jh. stammende
Mauerreste; gut erhalten die um 1900 restaurierte ehem. Kapelle, ein kleiner
Bruchsteinbau mit Eckquadern aus dem 13. Jh., der neben romanischen schon
gotische Bauformen aufweist.

Stachesried (südöstl. Furth i. W.)   Ehem. Schloß; stattlicher, zweigeschossiger   E 3
Rechteckbau aus der 2. Hälfte des 17. Jh.s mit zwei rechteckigen, über Eck
gestellten Erkern, durch Pilaster und gekröpftes Gebälk ausgezeichnetem Portal
und architektonisch gerahmter Figurennische an der Westseite; modernisiert;
jetzt Brauerei und Gasthof.

Stamsried (nördl. Roding)   Ehem. Schloß; bereits um 1200 taucht ein Edler   D 4
Erchenbert v. Staunsreut urkundlich auf; nach 1342 Eigentum der Kürner v. d.
Kürn, die 1354 auf dem Haidhof eine Burg errichten (s. a. Kürnburg); vor allem
ab Ende des 16. Jh.s häufig wechselnder Besitz; vom 19. Jh. bis Anf. des 20. Jh.s
in Händen der Herren v. Abel; seit 1965 privat; zweigeschossige, z. T. von
Wassergraben umgebene Vierflügelanlage mit kleinem Innenhof; Fassadengliederung durch gemalte Pilaster; Portal mit gesprengtem Giebel; 1973/74 Außenrenovierung.

C 4   Stefling   Burg mit Wohntrakt des 18. Jh.s; »Steuininga« wird 991 als Besitz des Regensburger Burggrafen Papo erstmals genannt; 1196 an die bayerischen Herzöge, deren Ministerialen sich nach der Burg nennen; 1318 an die Hofer v. Lobenstein; 1329 an die pfälzische Linie der Wittelsbacher; dann häufig wechselnder Besitz; die auf einem nach drei Seiten steil abfallenden Bergrücken gelegene, durch zwei Torbauten und Zwinger geschützte Anlage 1428 gegen die Hussiten erfolgreich behauptet: noch weitgehend burgartiger Charakter; in der Vorburg die 1859 veränderte Kapelle (romanisches Kruzifix); die Bauten der Oberen Burg dem Gelände angepaßt, um einen länglichen Hof gruppiert; nördlich, gegen das Regental zu, der dreigeschossige Wohnbau (romanische Umfassungsmauern, 1748 umgebaut); an der Südspitze der nur noch zwei Geschosse hohe, mit großen Buckelquadern verblendete Bergfried; dazwischen – Wohnbau und Bergfried verbindend – im Westen eine Mauer mit Laufgang, im Osten ein Bautrakt, der z. Z. Wirtschafts- und Wohnzwecken dient; Ausstattung nur z. T. erhalten (einzelne Stuckdecken, Öfen etc.); nur z. T. frei zugänglich.

B 4   Stegenhof (Deuerling)   Schloß; Ende des 18. Jh.s durch den fürstl. Thurn- u. Taxis'schen Stallmeister zu Münster und Hofmarschall Wilhelm Karl Graf Jett zu Münzenberg erbaut; langgestreckter, zweigeschossiger Bau mit Walmdach und die Mitte betonendem Rundgiebel.

B 2   Steinamwasser (nördl. Auerbach)   Ruine; nach der Schenkung Kaiser Heinrichs II. 1008 Eigentum der Bamberger Bischöfe; 1295 an die Leuchtenberger verpfändet; häufig wechselnder Besitz; von der ehem. Burg, die auf einem völlig frei aus dem Tal aufsteigenden, 20 m hohen Fels lag, nur noch Reste des Quadermauerwerks der Befestigung erhalten.

C 2   Steinfels (nördl. Mantel)   Ehem. Hammerschloß; ursprünglich Wasserburg; bis ins 15. Jh. Eigentum der Herren v. Steinfels, dann des bedeutenden Hammermeistergeschlechts der Mendel v. Steinfels, nach 1671 der Familie v. Weveld; einfacher dreigeschossiger Bau mit wappengeschmücktem Portal und 1707 angebauter Kapelle; modernisiert.

C 4   Stockenfels (Fischbach)   Ruine; spätestens in der 2. Hälfte des 13. Jh.s erbaut, urkundlich erstmals 1326 und 1340 als Eigentum der bayerischen Herzöge genannt; nach 1351 Besitz der Regensburger Patrizier Auer; schon vom ausgehenden 14. Jh. an in ständig wechselndem Besitz; nach Zerstörungen im Dreißigjährigen Krieg nur notdürftig instand gesetzt, beginnender Verfall; die in beherrschender Lage am großen Knie des Regens gelegene Burg bestand aus der durch eine Umfassungsmauer geschützten unteren Burg mit Wirtschaftsgebäuden und der oberen Burg: gewissermaßen ein einziger, einen winzigen Hof einschließender, rechteckiger, dreigeteilter Bau; südlich der zweigeteilte Wohnbau, dann Hof

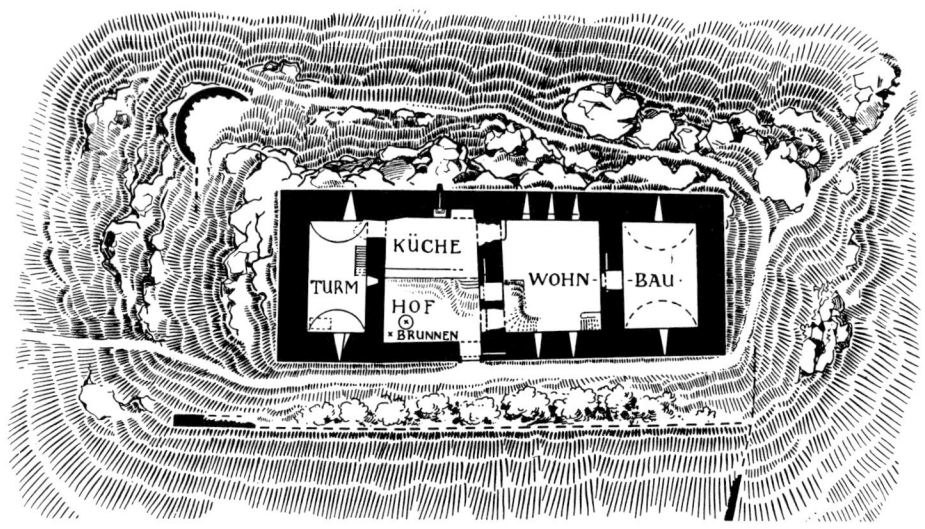

mit Brunnen und Küche und der eigentliche, zunächst 3- später 5-geschossige verhältnismäßig gut erhaltene Wohnturm mit z. T. schönen gotischen Fenstern; interessante, in dichtem Wald gelegene, besonders volkstümliche und von zahlreichen Sagen umwobene Ruine, deren weiterem Verfall durch die neuerdings angelaufene Konservierung der Gesamtanlage Einhalt geboten werden soll.

Störnstein (Neustadt/WN) Burgstall; nicht sehr große Anlage; Stammsitz der   **C 2**
Störe; schon um 1600 weitgehend verfallen; ehem. Burgkapelle im Langhaus der
Kirche Christi Himmelfahrt erhalten.

Sulzbach-Rosenberg Ehem. Schloß; Graf Gebhard I., der nach der Zerschla-   **B 3**
gung der umfangreichen Babenberger Markgrafschaft auf dem Nordgau durch
Heinrich II. weite Ländereien erhielt, soll in der 1. Hälfte des 11. Jh.s die
Stammburg der Sulzbacher, eines der bedeutendsten Grafengeschlechter auf
dem Nordgau, errichtet haben; 1188 an die Grafen v. Hirschberg-Sulzbach, 1305
an die bayerischen Herzöge; 1349 an Kaiser Karl IV., der Sulzbach zur Hauptstadt »Neuböhmens« machte; 1505 an Pfalz-Neuburg; Ottheinrich von Pfalz-
Sulzbach machte den Ort zur fürstlichen Residenz, was er bis 1742 blieb; unter
ihm von 1582–89 umfangreiche Neubauten; 1618–20, 1768–94 und im 19. Jh.
Umbauten; ausgedehnte Anlage um einen Innenhof mit Brunnen von 1701; mit
drei Toren (2,3,4), ehem. Kapellenbau (5) des 15. Jh.s, dreistöckigem Hoch- od.
Saalbau (6) von 1582 mit polygonalem Treppenturm, zweistöckigem Fürsten-
trakt (7) von 1618, ehem. Kanzlei (8) von 1582, ebenfalls mit Treppenturm und
dem 1880 anstelle eines dreistöckigen Gebäudes von 1618 errichteten Südbau (9);
im Inneren kaum alter Bestand; jetzt Sitz der Landpolizei und Wohnungen; im
Festsaal des Hochbaues Heimatmuseum der Stadt Sulzbach-Rosenberg. (Abb.
S. 68/69 u. 155)

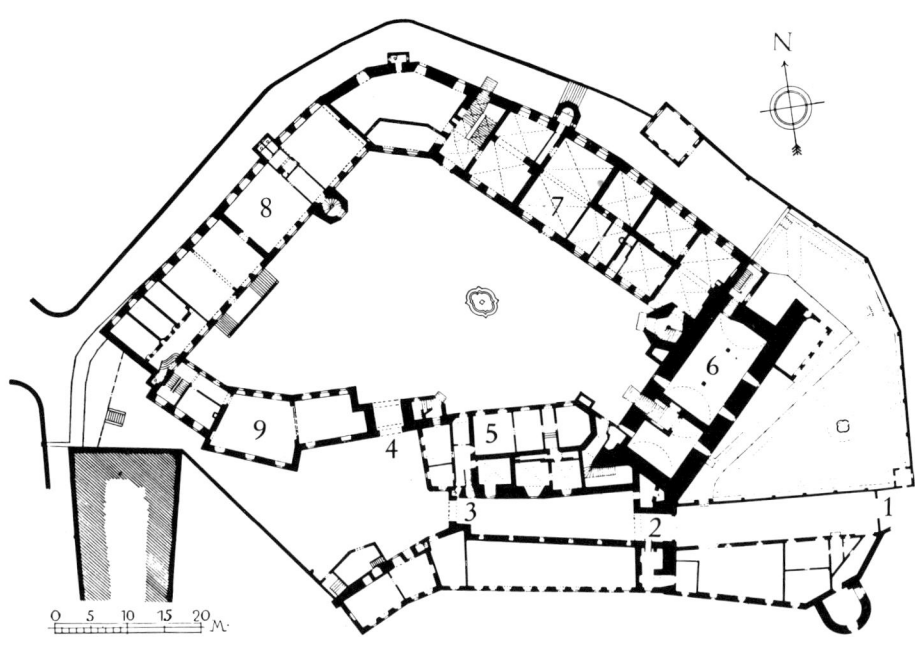

A 4 Sulzbürg (südl. Neumarkt) Burgstall; Stammsitz eines der mächtigsten Ministerialengeschlechter des Nordgaues, der späteren Herren v. Wolfstein; urkundlich
1217 greifbar; bis zum Aussterben des Geschlechts 1740 in ihrem Besitz; kein
aufgehendes Mauerwerk.

D 5 Sünching Schloß; schon im 8. Jh. bezeugt; Haward v. Sünching, der letzte
seines Geschlechts 1343 genannt; dann Eigentum der Hofer und der Staufer, ab
1573 der Freiherrn und späteren Grafen v. Seinsheim, seit Anfang des 20. Jh.s
der Freiherrn v. Hoenning O'Carroll; unter Joseph Franz Graf v. Seinsheim, der
am kurfürstlichen Hof zu München die Ämter des Oberstallmeisters und des
Konferenzministers inne hatte, nach 1758 z. T. Neubau; stattliche, achteckige,
ursprünglich von Wassergraben umgebene, dreigeschossige Anlage um einen
Innenhof; verantwortlich für die damaligen Baumaßnahmen der Münchner
Hofbaumeister L. M. Gießl; reiche und qualitätvolle Ausstattung des Rokoko,
an der Künstler wie Fr. X. Feichtmayr (Stuck), Ignaz Günther (Plastik),
M. Günther (Fresko) und Fr. Cuvilliés d. Ä. mitwirkten; hervorzuheben der
Festsaal von 1761 mit graziösem Stuck und Deckengemälde von M. Günther, die
Kapelle von 1760, die Bibliothek und das prachtvolle Mobiliar; Schloßkonzerte.
(Abb. S. 85 u. 156)

Schloß Sünching, aus Michael Wening, Topographia Bavariae, München 1726

Tännesberg   Burgstall in aussichtsreicher Lage; im 12. Jh. auftauchend; zeitwei-   C 3
lig Besitz der Pfalzgrafen; im Dreißigjährigen Krieg zerstört; 1817 völlig abgetragen.

Teublitz (östl. Burglengenfeld)   Ehem. Schloß; von 1355 an Besitz der Sinzen-   D 3
hofer; später häufig wechselnde Eigentümer; 1627–1795 in Händen der Teufel v.
Pirkensee, von denen Karl Wilhelm (gest. 1780) den bestehenden zweigeschossigen Bau mit Mansardendach errichtete (die steinernen Löwen auf den beiden
Pfeilern der Hofeinfahrt halten das Wappen der Teufel); renoviert; jetzt Pflegeheim. (Abb. S. 65)

Thannstein (auch Thanstein) (nordwestl. Rötz)   Ruine; Anf. d. 14. Jh.s durch   C 4
die Thannsteiner gegründet, die ihren Sitz von Altenthannstein (nur mehr
Burgstall) hierher verlegten; um 1338 an die Zenger, die möglicherweise die
jetzige Burg errichteten und sich nun Zenger v. Thannstein nennen; 1633 durch
die Schweden zerstört; zum Teil wiederhergestellt und bewohnbar; 1811 abgebrannt, seither Ruine; erhalten vor allem der noch 17 m hohe runde Bergfried.

156

Tännesberg, nach der
Karte des Churamts
Murach, 1589

B 3 **Theuern** Ehem. Hammerschloß; Stammsitz der bis ins 12. Jh. nachweisbaren Herren v. Theuern; im 16./17. Jh. Eigentum der bedeutenden, 1510 durch Kaiser Maximilian geadelten Hammermeister-Familie Portner; stattlicher, dreigeschossiger Bau von 1781 mit Mansardendach; östliche Eingangsfront durch leicht vorspringenden Mittelrisalit mit Dreiecksgiebel (Ehewappen Lochner-Bibra) und Portal mit geschweiftem Giebel ausgezeichnet; beherbergt seit 1978 unter Einbeziehung der ehem. Ökonomiegebäude das Bergbau- u. Industriemuseum Ostbayern. (Abb. S. 96)

D 4 **Thierlstein** (westl. Cham) Schloß; 1125 sind die Turdelinger erstmals urkundlich greifbar, Ministerialen der Grafen v. Cham, die sich nach Thierlstein nennen

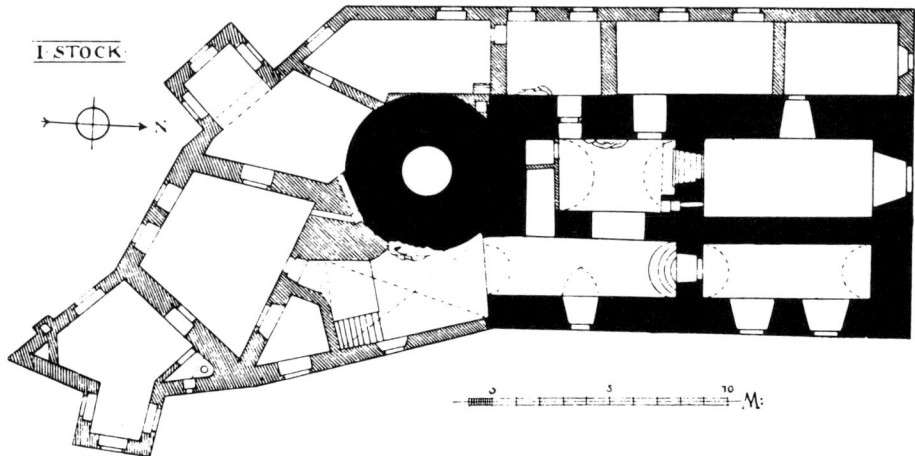

157

und bis 1622 ansässig bleiben; später vielfach wechselnde Eigentümer; mehrfach veränderte, aussichtsreich gelegene dreigeschossige Anlage; mittelalterlich sind Rundturm und Mauer im nordöstl. Teil; im Obergeschoß Reste bemalter Balkendecken der Frührenaissance; Privatbesitz.

Thumsenreuth Schloß; 1255 die Wasserburg der Thumsenreuther erstmals C 1 genannt; bis 1405 Eigentum der Trautenberger, im 15./16. Jh. der Nothaft; seit 1661 der noch heute ansässigen Familie der Freiherrn v. Lindenfels; bestehende Anlage im wesentlichen 1586: dreigeschossiger, rechteckiger Bau mit hohen Giebeln und durch Maßwerk- u. Wappenfries ausgezeichnetem Erker am südwestlichen, turmartigen Gebäudeteil (über den Grundmauern des ehem. Bergfrieds errichtet); Innenräume z. T. mit Rokoko-Stukkaturen, barocken und klassizistischen Wand- u. Deckenmalereien, gutem Mobiliar, Familienbildnissen, Waffen, Porzellan, Kleinkunst etc.; als Schloßmuseum z. T. zugänglich. (Abb. S. 82)

Traidendorf (nördl. Kallmünz) Ehem. Hammerschloß; seit dem 15. Jh. Eigen- C 4 tum verschiedener Hammermeistergeschlechter, u. a. der Wallrab, der Bertholdshofer, von 1655–1733 der Freiherrn v. Tänzl zu Tratzberg; unter ihnen gegen Ende des 17. Jh.s Bau der bestehenden Anlage; zwei gleichlaufende, etwas abgewinkelte zweigeschossige Flügel zu Seiten des Mittelbaues: dreigeschossig, mit guter Marienfigur über dem Portal; im Inneren einzelne Stuckdecken erhalten; jetzt Asylantenheim.

Trausnitz i. T. Burg; nicht besonders große, aber interessante Anlage des 13. Jh.s; drei hochragende Wohntrakte und ein viereckiger Bergfried umgeben den schluchtartig engen, trapezförmigen Hof; kein Bering, daher wenige nach außen gerichtete Fenster (im Untergeschoß nur schießschartenartige Lichtöffnungen) und zumindest im unteren Teil fast durchgehend 2 m starkes Mauerwerk; als Besitzer tauchen 1261 die

C 3

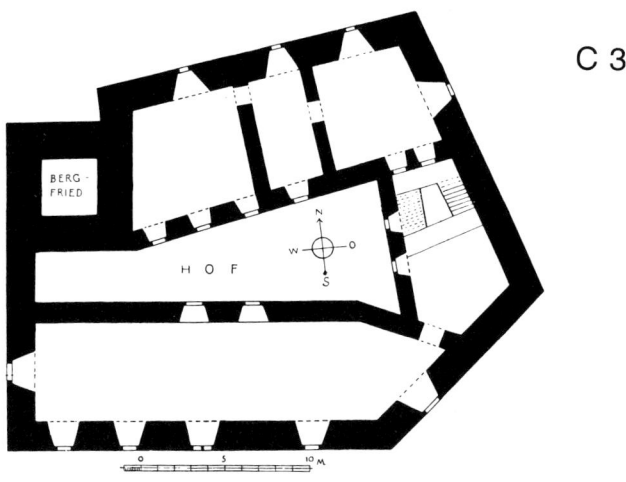

Grundriß der Burg im ersten Obergeschoß

Waldthurner auf, wahrscheinlich Ministerialen der Grafen Ortenburg-Murach; bereits um 1284 Eigentum der Wittelsbacher; vor allem durch die 28-monatige Haft Friedrichs des Schönen v. Österreich bekannt, den Ludwig d. Bayer 1322 hier gefangensetzte; zeitweilig Eigentum der Leuchtenberger; nach 1830 mehrfach instand gesetzt; Jugendherberge. (Abb. S. 56)

C 2 **Trautenberg** (nordwestl. Windischeschenbach)   Ruine; Stammsitz der seit dem 13. Jh. genannten Trautenberger; mehrfacher Besitzwechsel; kleine Anlage, von der nur Mauerreste erhalten sind.

D 3 **Treffelstein** (nordöstl. Rötz)   Ruine; von der ursprünglichen Burg nur noch der etwa 15 m hohe Rundturm erhalten, dessen 2,50 m starkes Mauerwerk in seiner Technik ins 11. Jh. verweist; urkundlich taucht ein Ruger de Drevenstein 1316 erstmals auf, die Burg wird 1331 genannt; häufig wechselnder Besitz, u. a. in Händen der Leuchtenberger, der Nothaft v. Wernberg, der Herren v. Murach, derer v. Berlichingen, der Grafen Törring.

C 2 **Trevesenhammer** (östl. Pressath)   Ehem. Hammerschloß; vom 14. bis ins 19. Jh. Eisenhammer; das noch bestehende Hammerhaus ein zweigeschossiger Bau (Wappen der Hammermeisterfamilie Sperl, 1827, über dem Eingang) mit zwei runden, überkuppelten Ecktürmen.

B 2 **Troschelhammer** (südl. Pressath)   Ehem. Hammerschloß; vom 14. bis ins 19. Jh. Eisenhammer; das noch bestehende Hammerhaus ein zweigeschossiger Bau der Zeiten um 1600 mit Mansardendach (18. Jh.) und rechteckigem, auf zwei Säulen ruhendem Erker über dem Eingang. (Abb. S. 99)

B 1 **Unterbruck** (südl. Kemnath)   Schloß; ursprüngl. Wasserschloß; auf älterem Bestand errichteter, dreigeschossiger Bau des 17. Jh.s mit Walmdach und kleinem Erker im 2. Obergeschoß der Südseite; vorbildlich renoviert.

C 2 **Unterwildenau** (südl. Rothenstadt)   Schloß; vom 14. Jh. an Eigentum der Waldauer zu Waldthurn, dann wahrscheinlich der Wildenauer; vom 16. Jh. an in häufig wechselndem Besitz; seit dem späten 18. Jh. (?) in Händen der Freiherrn v. Hirschberg; Weiherhausanlage mit dreigeschossigem, steilgiebeligem Hauptbau aus dem beginnenden 17. Jh., z. T. erhaltener Ringmauer und Wassergraben.

B 4 **Velburg**   Ruine; ab 1188 nennt sich das österreichische Grafengeschlecht v. Clamm nach der Burg; noch 1231 ein »comes de Velburch« erwähnt; wahrscheinlich in der 1. Hälfte d. 13. Jh.s an die Wittelsbacher; Sitz bayerischer Pfleger; 1505 an Pfalz-Neuburg; schon im 16. Jh. unbewohnt, im Dreißigjährigen Krieg beschädigt, vom 17. Jh. an dem Verfall preisgegeben und als Steinbruch benützt; von der nicht sehr großen, etwa dreieckigen Anlage Reste der Ummauerung, zweier Tore und des Bergfrieds erhalten. In der letzten Zeit durch Eigenleistung der Bewohner von Velburg Bestand gesichert und teilweise Wiederaufbau.

Vilseck Ehem. Burg; durch Schenkung Kaiser Heinrichs II. 1008 an das Bistum B 2
Bamberg; als dessen Lehen häufig wechselnder Besitz; zunächst in Händen der
Grafen von Sulzbach, nach 1174 zeitweilig der Staufer, auch der Wittelsbacher;
erst 1802 von Bamberg endgültig an Bayern; im 15. Jh., vor allem aber 1729–32,
verändert bzw. großenteils neu erbaut; von der mittelalterlichen Anlage erhalten
der interessante jetzt 5-geschossige Bergfried; Obergeschosse 14. Jh., die beiden
Untergeschosse in sorgfältigster Mauertechnik und ungewöhnlicher Gestaltung
um 1200.

Vohenstrauß Schloß Friedrichsburg; im 12. Jh. Eigentum der Grafen v. Sulz- C 2
bach; 1188 durch Kauf an die Staufer, 1268 an die Wittelsbacher; 1505 Pfalz-
Neuburg zugesprochen; unter Pfalzgraf Friedrich III. Residenz; zwischen 1586
und etwa 1590 Errichtung der noch bestehenden Anlage; Pläne Leonh. Greineisen aus Burglengenfeld, Baumeister Hans Reicholt aus Weiden; imponierend
kraftvoller dreigeschossiger Bau mit hohem Satteldach, Wellengiebeln und ursprünglich fünf Rundtürmen mit Spitzhelm (6., mittlerer Turm an der Südseite
1903); die drei Hauptportale der Nordseite durch Pilaster und Architrave ausgezeichnet, Mittelportal im Giebel Wappen von Pfalz und Liegnitz-Brieg; Inneres
mehrfach umgebaut, da nach 1809 Landgericht, später Bezirks- u. Rentamt;
zuletzt Landratsamt. (Abb. S. 75)

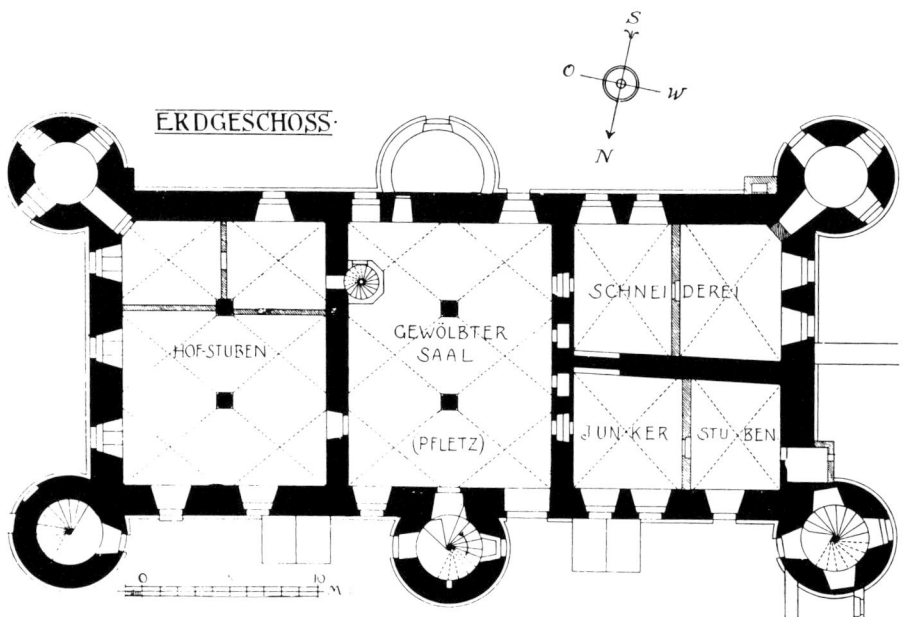

Waffenbrunn (nördl. Cham) Schloß; Ende des 13. Jh.s urkundlich erstmals D 4
genannt; häufig wechselnde Besitzer; zweigeschossige Anlage mit rechteckigem,

steilgiebeligem Vorbau nach Süden und westlich gelegenem Viereckturm mit Walmdach; mehrfach modernisiert.

C 2 **Waldau** (nordwestl. Vohenstrauß) Ehem. Burg; Anf. d. 13. Jh.s taucht das Geschlecht der Waldauer auf; zeitweilig in Händen der Wittelsbacher, von 1394–1540 wieder der Waldauer; dann wechselnde Eigentümer; ursprünglich von Wall und Graben bzw. Zwingermauer umgebene kleine Burg; quadratischer, an der höchsten Stelle des isoliert gelegenen Serpentinfelsens errichteter Bergfried (12./13. Jh.), rechteckiger Wohnbau (14. Jh.), im 15. Jh. durch Zwischenmauern verbunden; Anf. d. 18. Jh.s als Kirche eingerichtet (Turm = Bergfried, Chor = Zwischenbau, Schiff = Wohnbau, Vorhalle angebaut); nach Kirchenneubau 1912 aufgelassen; wird z. Z. restauriert (1983).

B 1 **Waldeck** (östl. Kemnath) Ruine; eine der ältesten Burgen der Oberpfalz; als Besitz der Leuchtenberger 1124 erstmals genannt; wahrscheinlich neben Leuchtenberg zunächst ihre wichtigste Burg (1152 erscheint der erstgeborene Leuchtenberger Gebhard II. als Gebehardus de Waldegge); 1283 an Herzog Ludwig v. Bayern und von da an vielfach wechselnde Besitzer; u. a. in Händen der Pfalzgrafen, des böhmischen Königs Karl IV., auch wieder der Leuchtenberger;

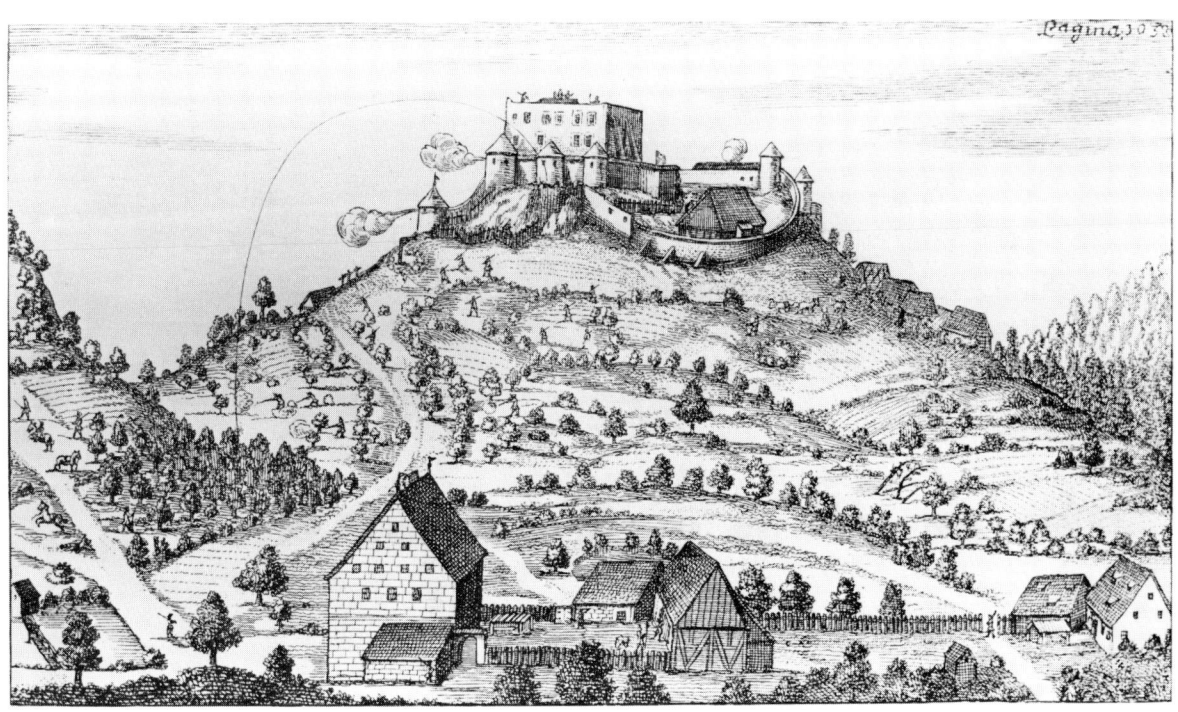

Waldeck, Beschießung der Feste im Jahre 1704, aus: Historischer und Politischer Merkurius, Nürnberg 1704

von der ursprünglichen, ausgedehnten Anlage, die noch im 16. Jh. verstärkt, im 18. Jh. mehrfach beschädigt und 1794 durch Brand völlig zerstört wurde, nur unbedeutende Mauerreste erhalten.

Waldmünchen   Ehem. Schloß; seit dem 13. Jh. als »München umb dem Wald« mehrfach genannt; möglicherweise schon zu Beginn dieses Jahrhunderts Eigentum der Wittelsbacher; 1261 Sitz eines herzoglichen Richters; häufig verpfändet; Schloß von Anfang an Sitz eines Pflegers; ältester Teil das nordöstlich gelegene freistehende Wohngebäude des Pflegers (jetzt Jugendherberge); südöstlich und südlich des inneren Schloßhofs Getreidekasten (wohl 15. Jh.), gewölbter Torweg und ein 1816 umgebautes, damals als Wohnung des Landrichters dienendes Gebäude; im großen äußeren Schloßhof, auch Bauhof, ursprünglich Wirtschaftsgebäude, Hofmühle, Schergenhaus und ein von zwei Türmen flankierter Torbau, z. T. verändert, z. T. abgerissen. Nach Renovierung (1983) Jugendtagungsstätte.   D 3

Waldthurn   Ehem. Schloß; die bis ins 13. Jh. nachweisbaren Waldthurner eines der ältesten Adelsgeschlechter des Nordgaues; von den Waldauern abgelöst; seit 1656 Eigentum der Fürsten v. Lobkowitz; unter ihnen Neubau des Schlosses, nachdem »daß adeliche Haus . . . ganz ruiniert und eingefallen«; kleine Dreiflügelanlage mit Innenhof; weitgehend verändert; Privatwohnungen.   D 2

Weichs (in Regensburg)   Ehem. Schloß; um 1200 tauchen die Herren v. Weichs auf, die ihre Burg als Lehen vom Bischof von Regensburg erhielten und um 1300 – die Burg war nun Besitz der Herzöge v. Bayern – nach Ramspau übersiedelten; von da an häufig wechselnde Eigentümer; dreigeschossige Vierflügelanlage mit kleinem Innenhof; im Norden Treppengiebel; im Süden erkerartiger Anbau mit Stichbogenblenden und Treppengiebel; im wesentlichen 16. Jh., bzw. um 1600, mit älterem Mauerbestand; jetzt Wohnungen, z. T. modernisiert.   C 4

Weihersberg (nördl. Pressath)   Schloß; am Rand einer Anhöhe gelegener, einfacher dreigeschossiger Bau mit nach Süden ausspringendem achteckigem Treppenturm; wahrscheinlich 2. Hälfte 16. Jh.; renoviert.   B 2

Weißenstein (nördl. Erbendorf)   Ruine; aussichtsreiche Lage auf steil aus dichtem Wald aufsteigendem Granitkamm; kleine, ursprünglich durch Halsgraben und Zwingermauer geschützte Anlage; erhalten neben Mauerresten nur der untere Teil des im Grundriß dem Gelände angepaßten, länglichen, unregelmäßig geformten Bergfrieds (1. Hälfte 14. Jh.); als erste Besitzer die Wolfe v. Weißenstein, wahrscheinlich Ministerialen der Leuchtenberger, im 13. Jh. greifbar; schon um 1300, endgültig ab 1365 Eigentum der Nothaft, die um die Mitte des 16. Jh.s die Burg wohl wegen ihrer Unwohnlichkeit verlassen.   C 1

Wernberg   Burg; 1280 urkundlich erstmals genannt; mehrfach Besitz der Leuchtenberger, die wahrscheinlich die Burg gründeten; zeitweilig böhmisches   C 3

Lehen, Eigentum der Wittelsbacher, Sitz bayerischer Pfleger; im Kern romanische, trotz Veränderungen des 15. und vor allem des 16. Jh.s wehrhaft wirkende Anlage; durch verhältnismäßig breiten und tiefen, völlig umlaufenden Graben und z. T. erhaltene Zwinger geschützt; Bergfried und Teile der Wohnbauten 13. Jh.; sämtliche Baulichkeiten nach außen völlig geschlossen, nach innen zum Teil mit doppelgeschossigen Arkaden (16. Jh.) um einen länglichen Innenhof angeordnet; Privatbesitz; als Asylantenheim nur bedingt zugänglich. (Abb. S. 37)

D 4 **Wetterfeld** (nördl. Roding) Ruine; ehem. Wasserburg; im NO durch einen Weiher, sonst durch gemauerten Wassergraben und hohe Umfassungsmauer geschützt; im 12./Anf. d. 13. Jh.s Sitz der Wetterfelder, Ministerialen der Markgrafen von Cham-Vohburg; um die Mitte des 13. Jh.s an die Wittelsbacher; 1329 an die Pfalz; im Dreißigjährigen Krieg zerstört; Teile der Ummauerung und des gotischen Torbaues erhalten.

Schloß Wildenau, aus Michael Wening, Topographia Bavariae, München 1726

Wiesent   Ehem. Schloß; von 1133 bis etwa 1400 das Geschlecht der Wiesenter   D 4
nachweisbar; ab 1402 gehört Wiesent zu Heilsberg und mit diesem häufig
wechselnden Besitzern; 1518 an die Kolb, die Heilsberg zugunsten von Wiesent
verlassen; 1634 an die Grafen v. Lintelo, von denen Max Rudolf Thimon Graf
v. Lintelo das bestehende Schloß errichtete; langgestreckter zweigeschossiger
Bau mit zwei runden Ecktürmen und östlich gelegenem Querflügel (1762); Portal
mit bossierten Pilastern, gebrochenem Giebel. Wappen der Lintelo und Jahreszahl 1695; Innenräume verändert.

Wildenau (nordöstl. Neustadt/WN)   Ehem. Burg; kleine Anlage, deren z. T.   C 2
aus dem 17. Jh. stammende Bauten landwirtschaftlich genutzt sind; mittelalterlich nur der ursprünglich auch Wohnzwecken dienende Bergfried (12. und
15. Jh.), jetzt Glockenturm der Kirche; vom 12.–14. Jh. Eigentum der Wildenauer; später wechselnder Besitz. (Abb. S. 163)

Wildenreuth (südl. Erbendorf)   Schloß; Stammsitz der wohl seit dem 11. Jh.   C 2
ansässigen Herren v. Wild; seit 1611 Eigentum der Freiherrn v. Podewils;
ursprünglich Wasserburg mit Wohnturm und Zugbrücke; nach Brand von 1851
Neubau: stattliche, dreigeschossige Anlage mit zwei runden Ecktürmen, südöstlich gelegenem kräftigem Viereckturm und kleinem Erker an der Ostwand.

Wildstein (auch Wildenstein) (nördl. Oberviechtach)   Burgstall; 1589 noch   D 3
völlig erhaltene Burg; sagenumwobene, kahle, mit Felstrümmern übersäte Bergkuppe, ohne aufgehendes Mauerwerk; weitreichende Aussicht.

Winklarn (südöstl. Oberviechtach)   Schloß; bereits im 14. Jh. Edelsitz; Thomas   D 3
Fuchs v. Wallburg (gest. 1525) errichtete einen Neubau mit vier kräftigen über
Eck gestellten Vierecktürmen; 1822 abgebrannt; als um einen kleinen Innenhof
gruppierte zwei- bzw. dreigeschossige malerische Anlage mit drei Türmen wiederaufgebaut; in kleinem, reizvollem Park mit Brunnen und Gartenfiguren
gelegen; neuerdings renoviert.

Wolframshof (südl. Kemnath, Ortsteil von Kastl)   Wasserschloß; »villa Wolf-   B 1
rammesdorf« bereits 1045 urkundlich genannt; häufig wechselnder Besitz; stattliche, in altem Park gelegene dreigeschossige Anlage mit zwei kräftigen runden
Ecktürmen und polygonalem, erkerartigem Anbau; zusammen mit den Wirtschaftsgebäuden einen Hof bildend; Baubestand z. T. spätgotisch, z. T. nach
1899, renoviert.

Wolfring (westl. Schwarzenfeld)   Schloß; ursprünglich Sulzbacher Lehen; vor   C 3
1200 Eigentum der Wolfringer, im 14. Jh. der Kastner, die sich nun »von
Wolfringen« nennen; später mehrfach wechselnder Besitz; der bestehende Bau

um 1570 von Melchior v. Saalhausen erbaut, z. T. verändert; dreigeschossiger, mächtiger Rechteckbau aus unverputzten Granitquadern mit steilem, leicht abgewalmtem Dach; Inneres modernisiert.

B 3 **Wolfsbach** (südl. Amberg)   Ehem. Hammerschloß; schon 1356 ein Ulrich »der Smit« zu Wolfsbach genannt; Bau des späten 16. oder frühen 17. Jh.s, bestehend aus zwei versetzt nordsüdlich verlaufenden zweigeschossigen Flügeln und westl. gelegenem polygonalem Treppenturm; z. T. modernisiert.

C 4 **Wolfsegg**   Burg; durch G. Rauchenberger ab 1932 wiederhergestellte, eindrucksvolle kleine Anlage des 14. Jh.s auf steilem Felskegel mitten im Dorf; um 1300 von Wolf v. Schönleiten erbaut; zeitweilig Eigentum des Markgrafen Ludwig v. Brandenburg und der Herren v. Laaber; 1508 als kurpfälzisches Lehen an Leonhard v. Eck; weitgehend erhaltener, nahezu ovaler Bering; das unregelmäßige Polygon der inneren Burg durch nahezu fensterlos wirkende, blockhafte Bauten gebildet; verhältnismäßig großer, völlig ummauerter Hof, nach Süden durch Wehrgang gedeckt, im Westen beherrscht durch den rechteckigen, dreigeschossigen Wohnbau mit vorgesetztem Treppenturm (Anf. 16. Jh.); Führungen. (Abb. S. 111)

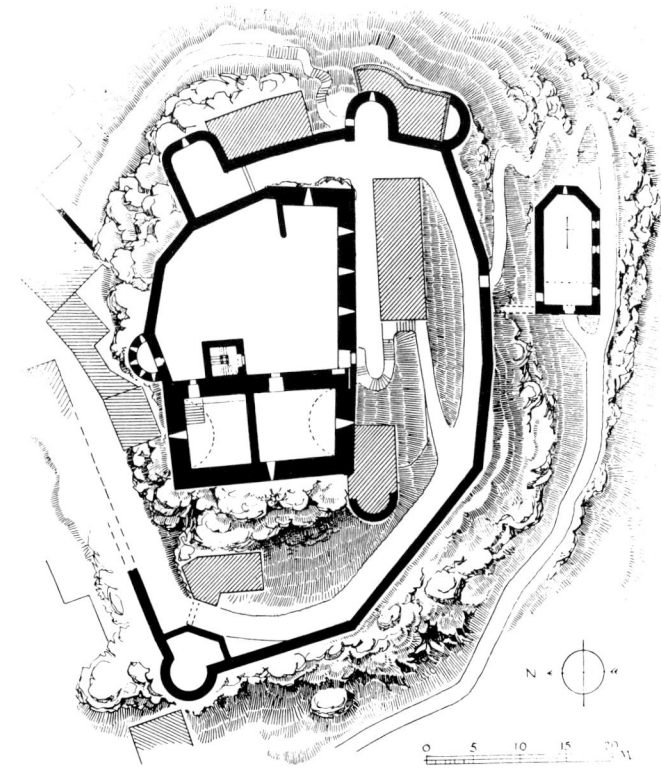

Wolfstein (Neumarkt) Ruine; Ende des 13. Jh.s im Besitz der mächtigen Reichsministerialen v. Sulzbürg, die sich nun ausschließlich v. Wolfstein nennen; 1460 als Lehen an Böhmen; 1465/66 durch Kauf an Pfalzgraf Otto II. zu Neumarkt; 1607 als »in grundt eingegangen« bezeichnet; Bestand 1952–53 gesichert; tiefer Graben zwischen Hauptburg und ausgedehnter Vorburg; von der romanischen Anlage der Hauptburg der runde Bergfried mit 3,40 m starken Mauern und Reste der Kapelle erhalten; alles übrige (ausgedehnte Mauerreste des Berings mit Torturm, Wohnbau) wahrscheinlich dem romanischen Bestand folgend aus der Zeit der Gotik.

A 4

Wörth a. D. »Burgschloß«; die Herrschaft Wörth zählt zu den frühesten Besitzungen des Hochstifts Regensburg; war wesentlicher Teil des bis 1803 bestehenden reichsunmittelbaren Fürstbistums; säkularisiert; 1812 zusammen mit Donaustauf als Entschädigung für das von Bayern übernommene Postregal an das Fürstenhaus Thurn u. Taxis; von der mittelalterlichen Burg nur der Bergfried, ein mächtiger Wohnturm, erhalten; umfangreiche Neubauten unter Pfalzgraf Johann II. (1507–38), dem Administrator des Hochstifts, und Bischof Albert v. Törring (1613–49); von Graben bzw. Zwingern umgebenes ausgedehntes »Burgschloß« mit zwei, jeweils von Rundtürmen flankierten Torbauten, Mauer und vier runden Batterietürmen; Wohnteil bestehend aus dreiflügeligem Fürstenbau mit Kapelle und altem zweigeschossigem Dienstgebäude (Gesindedürnitz, gewölbte Küche!); ursprünglich sehr reiche Innenausstattung, nur z. T. erhalten: vor allem das »Hochfürstliche Rundellzimmer« im südwestl. Eckturm mit reicher Stuckierung und Malereien von Jacob Heybel, 1676; ausgedehnte, vom Tal durchaus wehrhaft wirkende Anlage d. 16.–17. Jh.s; Hof frei zugänglich; Privatbesitz; umfassende Instandsetzung z. Z. in Gang. (Abb. S. 52/53)

D 5

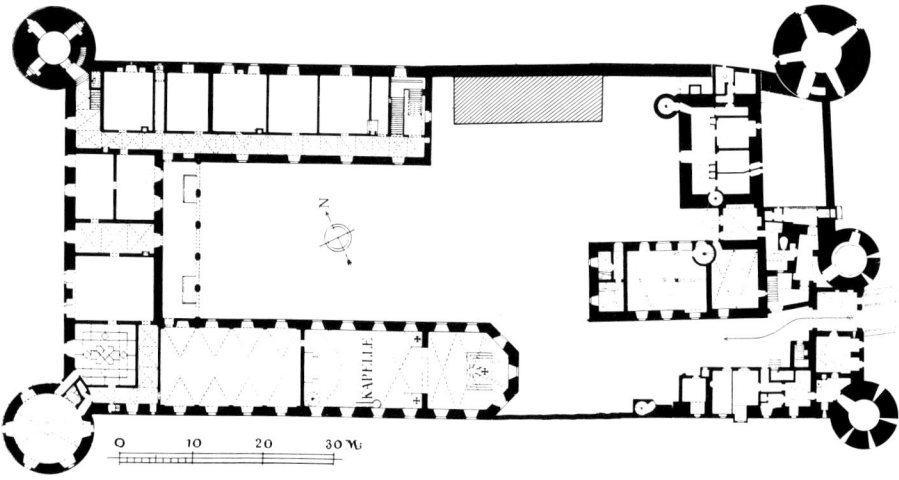

Wörth, aus Michael Wening, Topographia Bavariae, München 1726

C 5 Zaitzkofen (östl. Eggmühl) Ehem. Schloß; als Besitz des Regensburger Hochstifts bereits unter Bischof Ambricho (863–91) genannt; 1240 war das »castrum in
Zeizkofen« bischöfliches Lehen, von 1532 bis 1808 Eigentum der Herrn v. Königsfeld; durch Kauf an Maximilian Joseph v. Montegelas, 1834 an die Fürsten v.
Thurn und Taxis, später Missionshaus; stattlicher, dreigeschossiger Bau der Zeit
um 1730 mit nach Norden vorgezogenen Eckrisaliten; im Inneren weitgehend
modernisiert; erhalten nur die Schloßkapelle im zweiten Geschoß aus der Zeit
um 1780; heute Ausbildungsstätte von Bischof Lefebvre.

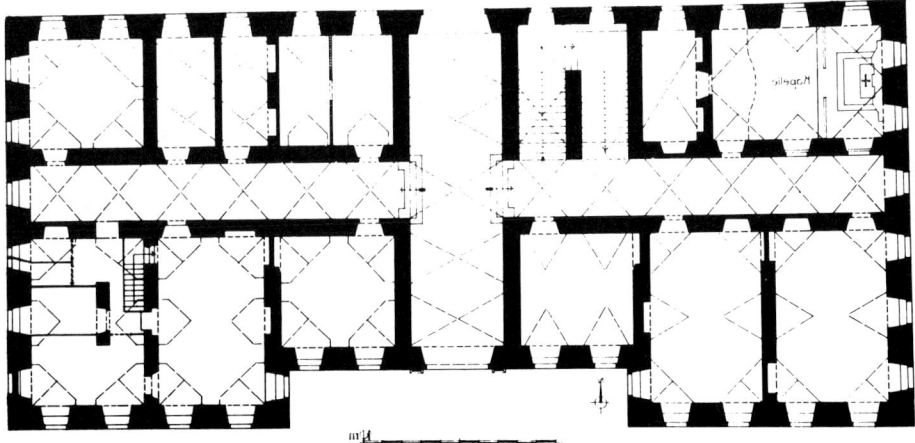

167

Zandt (westl. Kötzting)   Ehem. Schloß; im 13. Jh. Herren v. Zandt genannt;   E 4
später Eigentum der Sattelbogner, der Türlinger und von 1536–1851 der Gleißen-
thaler; seit 1950 Altenheim des Roten Kreuzes; Bau der 2. Hälfte des 16. Jh.s,
nach 1851 in »altem Stil« verändert; zweigeschossiger Rechteckbau mit achteckigem Treppenturm, zwei über Eck stehenden Rechtecktürmen, Treppengiebel
und Zinnen (19. Jh.); gut renoviert; im Inneren den jetzigen Erfordernissen
entsprechend modernisiert.

Zangenfels (südwestl. Nittenau)   Ruine; nach 1354 von den Zengern erbaut, die   C 4
bis 1515 Eigentümer der möglicherweise schon sehr früh eingegangenen Burg
waren; nur Reste des mit großen Quadern verblendeten quadratischen Bergfrieds.

Zangenstein (nordwestl. Neunburg/v. Wald)   Ruine, Kapelle; malerische Lage   D 3
über dem Ufer der Schwarzach; mindestens von 1360 bis Mitte des 16. Jh.s
Eigentum der Zenger; dann mehrfach wechselnder Besitz; Kapelle 1686 umgebaut; übrige Anlage seit Anf. d. 19. Jh.s Ruine; nur einzelne Mauerteile erhalten.

Zant (südl. Ursensollen)   Ruine; Stammsitz der seit 1130 genannten Zantner;   B 3
Anlage des 12. Jh.s ohne Ringmauer, da auf nach drei Seiten steil abfallendem
Bergrücken gelegen; erhalten Mauerreste und ein etwa 5 m hoher Stumpf des die
ausgesetzte Ostseite deckenden rechteckigen Bergfrieds.

Übersichtskarte

	A	B	C	D	E

1

Waldsassen

Mitterteich

Kemnath · Friedenfels · Tirschenreuth
Reuth · Falkenberg
Erbendorf

Neustadt/Kulm

2

Pressath · Windischeschenbach · Neuhaus
Eschenbach · Dießfurt · Flossenbürg
Parkstein · Neustadt/WN

Auerbach

Mantel · Weiden · Waldthurn
Rothenstadt · Vohenstrauß
Freihung · Leuchtenberg
Königstein · Vilseck · Unterwildenau · **Pfreimd**
Hirschbach · Holzhammer · Wernberg

3

Neidstein · Tännesberg · Schönsee
Rupprechtstein · Trausnitz
Sulzbach-Rosenberg · Lintach · Pfreimd
Poppberg · Amberg · Nabburg · Oberviechtach
Ursensollen · Theuern · Schwarzenfeld · Obermurach · Winklarn
Kastl · Schwarzeneck · Waldmünchen
Hohenburg · Rieden · Schwandorf · Neunburg v. W. · Rötz
Habsberg · **Lauterach** · Schmidmühlen · Stamsried · Waffenbrunn · Furth i. W.

4

Pyrbaum · Neumarkt · Fischbach · Cham · **Chamb**
Velburg · Dietldorf · Teublitz · Stockenfels · Chammünster · Runding
Hohenfels · Burglengenfeld · Nittenau · Chamerau · Kötzting
Sulzbürg · Kallmünz · Hof a. Regen · **Regen** · Roding
Parsberg · Lupburg · Pirkensee · Ramspau · Bodenstein
Breitenbrunn · **Schw. Laaber** · Wolfsegg · Karlstein · Falkenstein
Beratzhausen · Regendorf · Regenstauf
Hemau · Laaber · Etterzhausen · Bernhardswald · Brennberg
Dietfurt · Deuerling · Wenzenbach
Nittendorf · **Regensburg** · Wiesent · Wörth
Eichhofen · Barbing
Alling · **Donau**

5

Köfering · Schönach
Alteglofsheim
Neueglofsheim · Sünching
Eggmühl
Schierling · Zaitzkofen

🏰 = Burg, Schloß
⚔ = Ruine, Burgstall
● = größere Orte

N

Begriffserklärungen

Allod Eigenbesitz eines Adeligen an Land und Leuten (Gegensatz: Lehen)

Armbrust Seit dem 12. Jh. übliche Waffe zum Abschießen von Bolzen, Pfeilen, auch Kugeln mit Hilfe einer durch einen Bogen gespannten Sehne

Ballista Schießmaschine, mit deren Hilfe große (auch mehrere) Pfeile nach dem Prinzip der Armbrust verschossen werden können

Batterieturm Meist halbrunder, mehrgeschossiger Turm zur Aufstellung von Geschützen

Beckenhaube Vom 14. bis zur Mitte des 15. Jh.s übliche, mit der Brünne (s. u.) verbundene Helmform

Bergfried Allgemein üblich gewordene Bezeichnung für den Hauptturm der deutschen Burg

Blide, auch Bleide Fahrbares, nach dem Prinzip der Steinschleuder arbeitendes Wurfgeschütz, vor allem zum Schleudern von Steinen, sog. Brandern etc.

Brünne Halsschutz, bildet vom 14. bis zum frühen 15. Jh. zusammen mit der Beckenhaube den üblichen kombinierten Hals- und Kopfschutz.

Buckelquader Schon in der Antike, in Mitteleuropa vor allem vom 11.–16. Jh. übliches Mauerwerk, bei dem die Werksteine nur an einer, der sichtbaren Fläche roh behauen sind

Buhurt Ritterliches Kampfspiel, bei dem ungerüstete Reiter mit stumpfen Waffen gruppenweise gegeneinander ansprengen; Teil eines Turniers

Burgstall Eingebürgerte Bezeichnung für den Platz, an dem sich ursprünglich eine Burg befand, meist ohne sichtbares Mauerwerk

Dürnitz, auch Dirnitz Geheizter, großer Raum; in mittelalterlichen Burgen meist Aufenthaltsraum der Gefolgsleute; auch Badestube

Ebenhoch Hölzerner Belagerungsturm mit Rädern, wurde meist ebenso hoch gebaut wie die zu stürmende Mauer

Edelknecht Ritterbürtiger, noch nicht zum Ritter Geschlagener

Fehde Die Feindseligkeit, der »kleine Krieg« zwischen zwei Adeligen oder ihren Familien

Ganerbe Miterbe

Ganerbenburg Eine von mehreren Erben oder Besitzern gemeinschaftlich, meist durch Aufteilung des Burgraums, genutzte Burg

Grundherrschaft Die sich aus der »Gewalt des Hausvaters« ableitenden Rechte des Grundeigentümers über das Land und die darauf ansässigen Unfreien, die nicht nur zu Abgaben und Diensten verpflichtet waren, sondern auch seiner Gerichtsbarkeit unterstanden

170

Heimfallrecht Rückfall eines – meist durch Tod des Lehensnehmers – erledigten Lehens an den Lehensherrn

Hellebarde Eine in den verschiedensten Formen seit dem frühen 14. Jh. verwendete, für Hieb und Stich geeignete »Stangenaxt«

Kemenate Heizbarer Raum, nicht nur Frauengemach

Lehen Meist Landbesitz, der für geleistete Dienste (vor allem Waffendienst) auf Lebenszeit übertragen wird; wird im späten Mittelalter erblich

Mange Wurfmaschine mit beweglichem Gegengewicht an kurzem Hebelarm

Mark Militärisch organisierter Grenzbezirk unter dem Kommando eines Markgrafen; auch die gemeinschaftlich genutzte Allmende (Wald, Weide, Wasser) einer Siedlungsgemeinschaft

Mediatisierung Überführung weltlicher Herrschaften und Besitzungen in die Gewalt der Landesherrn; in Bayern vor allem durch den Reichsdeputationshauptschluß 1803

Ministeriale Hof- und vor allem Kriegsdienste Leistender; ursprünglich unfrei, spätestens vom 13./14. Jh. an dem niederen Adel angehörend

Onager Katapultschießmaschine

Palas Hauptwohngebäude einer Burg; meist mehrgeschossig mit Saal im 1. Stock

Palisade Zaun aus dicht nebeneinander eingerammten Pfählen

Pfalz Frühe, teils befestigte, teils unbefestigte Höfe der Herzöge, Könige und Kaiser, die ihnen und ihrem Hofstaat auf Reisen als Aufenthalt dienten

Pfleger Beamter, der für die Sicherheit einer Burg zu sorgen hatte

Rondell Turmartige, runde Verstärkungsbauten der Zeit von etwa 1450–1700

Schale Halbrunder, nach innen offener Mauerturm

Schallern Vor allem in der 2. Hälfte des 15. Jh.s übliche Helmform, die das Gesicht völlig einschließt; meist ohne Visier, mit lang und spitz ausgezogenem Nackenschutz

Schildmauer Auch »hoher Mantel«: Besonders hohe und breite Mauer zur Deckung der ganzen Angriffsseite einer Burg

Schwertleite Deutsche Form des Ritterschlags

Tartsche Von der Mitte des 14. Jh.s an üblicher, nur den Oberkörper deckender, konkav gebogener Schild; meist mit dem Wappen des Trägers bemalt

Tjost Einzelkampf beim Turnier; in voller Rüstung mit eingelegter Lanze gegen den Gegner anreitend ausgetragen

Turnei Kampfspiel beim Turnier; nur durch die Verwendung stumpfer Waffen vom Ernstfall sich unterscheidender Reiterkampf

Turnier Im spätmittelalterlichen Sinn Summe ritterlicher Kampfspiele, die aus festlichem Anlaß meist auf offenem Feld bei einer Stadt oder einer großen Burg ausgetragen werden

Vogtei Meist weltliche Schirmherrschaft über den Besitz von Bischöfen und Klöstern

Wandelturm; auch turris Fahrbares, mehrgeschossiges Holzgestell, unten z. T. mit Rammbock und mit Plattform oder Fallbrücke in Höhe der Burgmauern

Widder Pendelbalken mit Metallkopf (häufig in Form eines Widders) zum Einrammen von Toren und Mauern

Zehnt Regelmäßige Abgabe eines bestimmten Anteils (meist $\frac{1}{10}$) der auf einem Grundstück gewonnenen Erzeugnisse

Zeughaus Gebäude, in dem Kriegsgerät aufbewahrt wird

Zwinger Raum zwischen Ringmauer und vorgelegter zweiter Mauer; auch mehrere Zwinger hintereinander möglich

Wichtigste Literatur

Ambronn, Karl-Otto/Schmidt, Otto: Kurpfalz und Oberpfalz (Beiträge zur Gesch. u. Landesk. der Opf., Heft 23). Regensburg 1982.

Benker, Gertrud: Heimat Oberpfalz. Regensburg 1981[5].

Bosl, Karl: Handbuch der historischen Stätten Deutschlands, Bd. 7 Bayern. Stuttgart 1965[2].

Caboga-Stuber, Herbert de: Kleine Burgenkunde. Bonn 1961.

Fleming, Willi: Deutsche Kultur im Zeitalter des Barock. Konstanz 1963.

Gröber, Karl: Oberpfälzische Burgen und Schlösser. Augsburg 1925.

Hager, Georg (Hrsg.): Die Kunstdenkmäler von Bayern, Kreis Oberpfalz. München 1905–1914.

Hotz, Walter: Kleine Kunstgeschichte der deutschen Burg. Darmstadt 1965.

Mayer, Werner: Den Freunden ein Schutz, den Feinden ein Trutz. Frankfurt 1963.

Piper, Otto: Bürgerkunde. München 1912.

Reitzenstein, Alexander von: Rittertum und Ritterschaft. München 1972.

Ress, Franz Michael: Bauten, Denkmäler und Stiftungen deutscher Eisenhüttenleute. Düsseldorf 1960.

Schmidt, Richard: Burgen des deutschen Mittelalters. München 1959.

Spindler, Max: Handbuch der bayer. Geschichte, Bd. II. Das alte Bayern. München 1971.

Zeden, Ernst Walter: Deutsche Kultur in der frühen Neuzeit. Frankfurt 1968.

Für ergänzende Hinweise danke ich den für die Oberpfalz zuständigen Herren vom Bayer. Landesamt für Denkmalpflege, München, sowie Herrn Otto Schmidt, Amberg.

Ortsregister

(Kursive Zahlen weisen auf Fotos hin)

Bildnachweis

S. 13: Bertram-Luftbild, München-Riem. (Freigeg.: Regierung v. Oberbayern G 4/30503)
S. 45: Bayerische Staatsbibliothek München. COD Germ. 2800, fl/s 45

Alle übrigen Farb- und Schwarzweißaufnahmen stammen von Ursula Pfistermeister

Zeichnungen, Grundrisse und Stiche:
S. 15 aus: Otto von Freising, Chronica sive historia de duabus civitatibus (Weltchronik)
S. 33, 35, 57, 80, 114, 115, 118, 121, 123, 130, 134, 135, 140, 154, 155, 157, 160, 165, 167 aus: Georg Hager (Hrsg.), Die Kunstdenkmäler von Bayern, Kreis Oberpfalz. München 1905–1914.

1974 erschien innerhalb der Reihe »Oberpfälzer Kostbarkeiten«, herausgegeben vom Bezirksheimatpfleger der Oberpfalz Dr. Adolf J. Eichenseer, der Band »Burgen der Oberpfalz«. Ein Jahr später folgten die »Schlösser der Oberpfalz«. Der Erfolg beider Titel (die »Burgen« haben drei Auflagen erlebt, die »Schlösser« sind inzwischen vergriffen) ermunterte den Verlag dazu, eine neue Auflage vorzulegen, in der sowohl die Burgen wie die Schlösser, Residenzen und Hammerhäuser der Oberpfalz zu finden sind.
Der Text basiert zwar im wesentlichen auf dem der beiden Vorgängerbändchen, er wurde aber inhaltlich auf den neuesten Stand gebracht. Allein schon die in den letzten Jahren erfolgten zahlreichen Restaurierungen von Burgen- und Schloßbauten machten eine Vielzahl von Korrekturen und Ergänzungen nötig. Auch wurden alle Vorschläge, Berichtigungshinweise und sonstigen Anregungen berücksichtigt, die uns in den vergangenen Jahren von aufmerksamen Lesern erreichten.